现代体育教学设计与教学质量提升研究

彭 亮 王 壮/著

南方传媒 广东人民出版社
·广州·

图书在版编目（CIP）数据

现代体育教学设计与教学质量提升研究 / 彭亮，王壮著. —广州：广东人民出版社，2023.12
ISBN 978-7-218-16997-2

Ⅰ. ①现… Ⅱ. ①彭… ②王… Ⅲ. ①体育教学—教学设计—研究②体育教学—教学质量—研究 Ⅳ. ①G807.01

中国国家版本馆 CIP 数据核字（2023）第 191739 号

XIANDAI TIYU JIAOXUE SHEJI YU JIAOXUE ZHILIANG TISHENG YANJIU
现代体育教学设计与教学质量提升研究

彭 亮 王 壮 著

出 版 人：肖风华

责任编辑：马妮璐
责任技编：吴彦斌 周星奎
装帧设计：马静静

出版发行：广东人民出版社
地　　址：广东省广州市越秀区大沙头四马路 10 号（邮政编码：510199）
电　　话：（020）85716809（总编室）
传　　真：（020）83289585
网　　址：http://www.gdpph.com
印　　刷：北京亚吉飞数码科技有限公司
开　　本：710mm×1000mm 1/16
印　　张：15 **字　数**：234 千
版　　次：2024 年 4 月第 1 版
印　　次：2024 年 4 月第 1 次印刷
定　　价：68.00 元

前 言

现代体育教学设计以及教学质量是当前体育教育的重点研究方向，对体育教学设计和体育教学质量的提升，就是研究的重中之重。这不仅是由现代体育的发展所决定的，而且也是由现代体育教育的快速发展所决定的，时代对人才的要求在提升，学生的成长要求也在提升，因此对体育教学质量的要求越来越高，不仅要提升学生的身体素质，运动技能，还要全方位地促进学生的成长，由此可见，对现代体育教学设计与质量提升的研究，是一个非常重要的研究课题。体育锻炼是贯穿人一生的重要内容，而如果教学质量跟不上时代的步伐，不仅会影响国家体育事业的发展，而且也会影响国民身体素质的根基，所以，必须加快提升我国的体育教学设计，加强体育教学质量，以符合国家长期发展战略的要求。在这样的背景下，作者查阅了大量的著作文献，并结合自身多年的实践研究精心撰写了本书。

本书共七章。第一章分析了现代体育教学设计的概念、意义、原则、内容、要求等主要内容，目的是对体育教学设计的基础理论进行全面的梳理。第二章阐述了现代体育教学设计的系统构成，包括教学目标设计、教学策略设计、教学组织设计和教学过程设计，通过全面展开教学设计的各个环节，为进一步提升设计质量做好准备。第三章主要针对现代体育课的教学设计具体展开分析，包括体育课设计的内容与模式、操作方法，并为某些教学内容设计案例。第四章的内容聚焦于现代体育教学设计在各个方面的质量优化，包括教学内容、教学方法、教学模式、教学评价和教学管理等。第五章是从不同角度探索了现代体育教学质量提升的可能途径，比如加强硬件设施建设、提高教师业务能力、实施体育教学质量监控、推动校园体育文化建设等。第六章根据当前主要的几种教育理念，对体育教学设计与质量提升的研究展开探索，包括课程思政教育理念、信息化教育理念和核心素养教育理念三种。第七章从最常见的几类运动项目分别展开研究，从而更有针对性地提升教学质量，它们包括田径、球类、健美操、武术和游泳等课程。

整体而言，本书结构清晰，逻辑严谨，内容丰富翔实，且具有较高的实践指导价值，做到了理论与实践的有机结合，在每一个方面都做到了深入分析和广泛研究，因此不论是学术性、理论性，还是实用性都具有较高的水平。本书深入研究了现代体育教学设计所涉及的各个要素，并分别对其展开详尽的研究和拓展，希望对我国的体育教学能够起到一定的推动作用和指导作用。此外，本书的创新之处是从课程思政教学理念、核心素养理念和信息化理念等几个维度对教学设计进行颠覆性的思考，从而从不同的角度入手，对体育教学质量的提升产生质的影响，因此对我国现代体育教学设计和质量提升的指导具有较强的指导意义。

全书由彭亮、王壮撰写，具体分工如下：

第一章、第四章、第六章，共9.7万字：彭亮（西南石油大学）；

第二章、第三章、第五章、第七章，共12.57万字：王壮（忻州师范学院）。

本书在撰写过程中参考并借鉴了很多专家、学者的研究成果，在此表示诚挚的感谢。由于作者水平有限，书中难免有不妥与疏漏之处，敬请广大读者批评指正。

作　者

2023年5月

目　录

第一章
现代体育教学设计概论

现代体育教学是从体育教学设计开始的，可以说体育教学设计将从根本上决定着体育教学的质量，由此可见它的重要价值。本章将从体育教学设计的概念与意义、体育教学设计的原则与要求、体育教学设计的内容与步骤、体育教学设计的评价、体育教学设计的理论基础，以及体育学科发展中体育教学设计的应对几方面展开阐述。

第一节 体育教学设计的概念与意义

体育教学是教育工作中的重要组成部分，与其他学科相比，又有很多独特之处。因此，在开展体育教学设计时，首先应明确其概念和意义，从而提升教学设计工作的有效性和针对性，进而能够更加有效地保证体育教学工作的顺利进行，以及为不断提升教学质量提供一定的保障。

一、体育教学设计的概念

教学设计是指体育教师根据既定的教学目标，运用科学的手段与方法，细致分析整个教学过程中的各个要素，然后制订详细的教学计划，这一过程就是教学设计。

体育教师在设计体育教学方案时，不仅要建立在一定的教学目标基础上，还要结合体育教学的规律和特点，以及学生的具体实际情况，体育教学环境等方面进行①，只有这样制订出的体育教学方案才符合体育教学的要求，才有利于教学活动的开展。

二、体育教学设计的意义

体育教学的设计，是决定体育教育事业发展的根基，是开展体育教学工作的前提。随着教育理念的不断发展，以及先进的科技手段不断地融入教育

① 杨雪芹，刘定一.体育教学设计[M].桂林：广西师范大学出版社，2008.

系统，提升教学效率对改进和优化体育教学设计具有重要的意义。

通过对体育教学的科学设计，对体育教学的过程进行优化，使教学活动更加有效，使学生能够更加积极主动地融入体育学习活动，从而有利于提升体育教学质量。对体育教学进行设计，其实就是在明确教学目标的前提下，对体育教学方案进行整体设计、对体育教学活动进行详细的优化。比如，根据学生的身体素质、体育知识、运动能力、人格特质和个性特点等要素，进行更加深入的教学设计，能够帮助体育教师获得更加清晰的工作指导，能够根据现有学生的特点和师资情况，最大限度地满足学生的学习和成长需要。

（一）科学提升体育教学工作的质量

体育教学在很长一段时期都没有得到应有的重视，这种情况的产生与特有的历史、社会和文化有关。在我国的传统教育观念中，一直将体育教育放在相对次要的位置，再加上我国近几十年来社会的各方面都有了飞速的发展，进而将科技和工程等学科作为教育的重点内容，而体育则不可避免地要为其他对促进社会发展更直接和有效的学科让路。因此，在这样的大环境下，我国的体育教学无论是师资水平还是教育观念，都没有得到与时俱进的发展，在很大程度上还沿袭着以往的教学理念和方法。

然而，通过重新设计体育教学，并针对目前发现的问题，可以很好地改进体育教学活动，无论是从体育教师教学需要的角度进行，还是从学生的学习需要的角度展开，都能有效推进我国体育教学活动的健康发展，从而实现稳步提升我国的体育教学质量，并向着更加科学化、规范化的方向发展。

（二）促进体育教学理论与实践的结合

体育这一学科的特点，就是要理论与实践相结合同时进行，才能获得较为理想的教学效果。只偏重理论，明显不符合体育教育的本质，而若轻视理论只加强实践，那么又会因为缺乏理论根基，而导致体育教学无法获得长久有效的教学效果。并且，缺乏理论支持的实践，常常都是片段的、而非系统的，这将对学生的长期发展产生不利影响。

因此，在今后的体育教学设计中，尤其要强调理论与实践相结合，将体育理论知识有机融入体育实践教学活动中，让学生能够意识到他们所有的体育实践活动都是在扎实的理论依据的基础上进行的，这对培养学生养成科学、正确的学习理念和学习方法，将产生深远的影响。能够促进学生在体育实践中，不仅有意识地精进自己的体育技能，还能有意识地思考相应的理论知识，并在需要的时候，能够主动寻求体育理论知识的支持。

总之，通过理论与实践相结合的体育教学活动，将培养学生养成终身受益的学习意识和习惯，为学生的长期发展打下良好的基础。

（三）有利于加速对青年教师的培养

从体育教师的角度考虑，通过科学设计体育教学活动，有助于加速青年体育教师的成长。若想加快加强我国体育教学工作的发展，必须重视对体育教育人才的培养工作。青年体育教师的成长，是一个较为漫长的过程，不仅需要扎实的理论和专业培养，同时也需要大量的工作实践才能完成。在以往的体育教师人才培养工作中，主要采取的是比较传统的、自然的成长路线。比如，有志于发展体育教育的人才，经过体育专业院校多年的培育，然后进入教学实践活动中，再经过多年的经验积累，青年教师逐渐发展和完善自己的工作技能，形成稳定的教学风格。然而这一过程需要许多年才能实现。如果能够加强体育教学的设计，那么更加有效、更具实践指导意义的教学方案将促进青年教师的快速成才。不断优化和提升体育教学设计的过程，也是推动青年体育教师快速成长的过程。

科学有效的体育教学设计，将成为训练青年体育教师掌握体育教学基本原理、方法和实际操作技能的最有效手段。并且，体育教学设计的实效性也推动着青年教师不断完善自身去适应教学要求的不断提高，从而形成不断加强的良性循环。

（四）激活体育教学手段的持续更新

体育教学设计的另一个重要意义，就是在不断优化和重写体育教学方案与内容的过程中，将先进的教学理念和技术手段引入体育教学活动中，从而为体育教学赋能，激发出更强的活力。

随着信息技术的发展，对教育手段的提升也发挥着不可忽视的促进作用。尤其近些年来，已经有很多非常适合体育教学的先进手段被纷纷采用，并明显地提升了教学效率和教学效果。从长远来看，对加快我国体育教育事业的发展具有持续的促进作用。

第二节　体育教学设计的原则与要求

体育教学设计是一项综合的、复杂的工作，不仅需要遵循一定的教学规律，还需要进行系统的研究。本节将从体育教学设计的原则与要求两个方面进行分析。

一、体育教学设计的原则

体育教学设计需要遵循一定的内在逻辑而进行，尽管体育教学内容种类繁多、形式多样，但是只要符合体育教学设计原则，就能保证教学方案科学合理，既符合教师的教学需要，又满足学生的学习需要。

（一）系统性原则

首先，体育教学是一个非常复杂的系统，其内在涉及许多知识门类，无论是理论方面还是实践方面，都涵盖了诸多元素，而在各个元素交织配合的条件下，才让整个系统实现这一复杂的运行机制。因此，在进行体育教学设计时，首要原则就是要坚持系统性原则，保证教学的每个组成元素之间，都具有某种内在的关联和呼应，从而使系统发挥出强大的作用。

其次，在构建系统性教学方案时，也要从各个主要元素的作用出发，为各个元素能够发挥出应有的作用而创造适宜的空间，即同时保证系统的整体与局部都能实现良好的运行。

总之，在系统原则的指导下，能够使体育教学设计形成系统的教学计划，为学生的全面发展奠定良好的基础。

（二）目标性原则

体育教学的目标性原则是指，体育教学从设计到实施，都是围绕着具体的目标而进行的。基于某些教学目标、围绕现有的教学资源而开展有效的体育教学活动，为顺利实现某些具体的体育教学目标，必须围绕着教学目标设计教案和执行教学活动，这就是目标性原则的直接体现。

目标性原则的存在，可以确保教学活动的设计始终具有较强的针对性，不会偏离教学目标的要求，并且所选择的一切教学方法、内容、步骤安排等设计元素都是以有利于体育教学目标的实现为最重要的依据。

（三）简明性原则

体育教学设计的另一重要原则是简明性原则。如前所述，体育教学是一项内容和形式都十分复杂的知识传授活动，在体育教学过程中，既要保证知识和技能的准确传递，又要保证教学过程的高效进行，因此，必须遵循简明性原则，才能保证教学效率和教学效果的同时实现。

简明性原则应贯穿在体育教学设计的每个环节，即无论是教学方法、教学步骤，还是教学内容、教学素材，都应本着简单明了的原则进行，让教师和学生在教学活动的每个环节都能清晰地知道，教学活动的目标是什么，应该做什么，需要哪些练习，以及学习这一知识或技能大概需要多长时间等等。体育教学的设计只有足够简明，在实施的过程中才更具指导性，方便教师和学生付诸实践。

（四）趣味性原则

趣味性原则是指在进行体育教学设计时，应有意识地提升教学过程和教学内容的趣味性，创造一种轻松有趣的教学氛围，这样将有助于调动学生的学习积极性和主动性，从而有效提升教学效果。

趣味性原则的实施并非十分容易，需要体育教师在熟稔教学内容以及学生的性格特质以及体育水平的基础上才可以实现。具体地，可以重点关注以下几点。

第一，体育教师应尽快了解和熟悉所教学生的个性特质，特别是了解他们的成长过程和兴趣爱好。

第二，体育教师应丰富自己的知识技能储备，不断提升自身的综合素质、教学方法和手段，以激发学生学习的积极性，提高教学效率。

第三，选择合适的教学内容，让学生在愉悦的学习环境下进行学习，有利于促进运动技能的提高，实现教学目标。

（五）优化性原则

在设计体育教学方案的过程中，体育教师要事先做好一定的准备，要认真细致地分析教学系统内的各个元素，并将这些元素加以整合与优化，以实现最优的教学效果。这就是体育教学设计的优化性原则。

（六）操作性原则

在设计体育教学方案的过程中，体育教师要把握一定的可操作性原则，设计出的教学方案要能体现出便捷、实用、高效等特点，这样才有利于体育教学活动的开展。

失去可操作性，教学设计再优秀都不能称之为成功，因为不具备操作性的教学设计毫无意义。因此，在进行教学设计的过程中，应时刻谨记它的操作性如何，是否方便教师实施，是否各种身体条件和运动水平的学生都能简单上手，不会产生畏难心理等。

（七）灵活性原则

体育教学不是照本宣科，而是理论结合实践的动态学习过程，教学过程会因为不同的教师、不同的学生而呈现出巨大的差异。教学活动是一个复杂的系统，它的发展不是单向的、线性的推进，而是系统内的多个要素同时发挥作用，但是大家却不清楚是哪个要素、对哪些学生、在哪里发挥了最重要的影响。因此，在进行体育教学设计时，还应谨记灵活性原则，而不是僵硬地设计各个要素。而是围绕着体育教学目标这一唯一不变的设计宗旨，尽量采用多元性、丰富的教学元素，并巧妙地利用体育教学环境或者教学手段的差异性特点来加强体育教学活动的灵活性，从而使学生对体育学习总是抱有一定的新鲜感和期待感，因为在他们心里已经形成了一个稳定的认知，即体育学习是一个多变的、灵活的过程，充满冒险、挑战和吸引力。而这些都是有利于体育教学的重要因素，这些因素决定了体育课的类型、模式、结构等，通过巧妙而灵活的设计，不断提升和优化体育教学效果，从而促进体育教学的持续发展。

（八）创新性原则

在所有体育教学原则中，创新性原则是容易被忽视的。若要保持体育教学设计的常新，必须遵循创新性原则。社会在发展，时代在进步，体育教学也要随着社会的发展而不断调整，只有保持创新性，体育教学才能更加符合国家和社会的发展需要，培育出具有鲜明的时代特征的人才。

需要注意的是，创新性原则并非要全部推翻原有设计，它强调的是在进行体育教学设计时，设计要保持一定的创造性，既要保护重要的传统教学模式或内容，也要敢于打破传统的局限性。在当前的教育背景下，体育教学设计的创新，是推进教学改革的重要手段，也是培养学生创新意识和创造能力的重要元素。只有在不断创新的环境里成长，学生才能将创新精神和创新意识内化为自身的基本素质，从而为培育具有创新能力的人才创造条件。

二、体育教学设计的要求

体育教学设计除了要遵循相应的原则之外，还要遵守教学设计的具体要求，如此才能保证教学设计的科学性和合理性，促进体育教学顺利、有效地开展。

（一）要全面体现素质教育的理念

自从国家提出加强素质教育之后，体育教学积极响应，这在体育教学设计中有充分的体现。在体育教学设计中，紧紧跟随国家提出的教育精神，摆脱应试教育的遗留观念，将全面提升学生的综合素质放在教育的首位，改变以往以引导学生背诵和记忆知识为主的学习方式，加强对学生创造能力的培养，将以往只重视技能培训的教育观念，逐渐转变为加强对学生兴趣的培养，通过激发学生的主动学习热情，使体育教学更加贴近学生的实际生活。

在进行体育教学设计时，应充分尊重学生的主体地位，将学生的个性特征和在不同成长阶段表现出来的身体素质特征与性格特点作为设计体育教学的重要参考因素，将学生成长需要作为教学设计的重要目标。如此一来，通过充分代入学生的固有特点和发展需要，从而使教学紧紧围绕学生的所思、所想、所感，从而能够更好地调动学生的学习积极性和学习兴趣。当学生开始自觉自发地探索知识、加强技能训练的时候，教育的目的才得以实现，在这一过程中，教师要肩负起技能引导和兴趣激发的重要职责，使素质教育得以顺利进行。

1.以学生为中心展开教学

在以素质教育为指导思想的体育教学设计中，首先应明确要将学生置于教学主体的位置，一切教学活动，都应以学生为中心而展开。具体而言，就是从学生现有的条件出发，设计最适合学生发展的教学方案和实施计划，同时，让学生充分意识到体育学习和自身具有诸多的切身利益，比如能够促进自身的全面成长，能够获得健康的体魄，能够磨炼坚毅的品质，还能够掌握一些自己感兴趣的体育技能，这些对促进教学设计的完善有着至关重要的指导意义。具体而言，教学设计应建立在学生的身体基础、运动基础以及身心发展水平之上，在体育教学中，应大胆突破僵化的教学模式，而是将教学转变为一种方式、一种情境、一种过程，创造一种让学生可以轻松融入的学习氛围和学习环境，从而有利于充分挖掘学生的潜能，促进学生的快速成长，使他们能够主动发现问题、解决问题，为发展成为具有较高综合素质的人才打下良好的基础。

2.坚持“健康第一”的教育理念

以“健康第一”作为体育教育的首要前提，是发展素质教育的重要体现。由于体育教学就是围绕着提高身体素质和运动水平而展开的，根据体育学科的特点提出的教育观念，是体育教学改革的方向，其中素质教育是最大的热点。

通过科学的体育教学设计，将发展学生的整体健康水平与综合素质教育相结合，把健康放在体育教学的重要位置，从思想意识上引导学生树立健康观念，比如要养成日常进行体育锻炼的习惯，还要具备基本的运动技能，了解相应的运动项目所需的核心技能有哪些，以及如何开展训练等相关知识。总之，在素质教育思想的指导下，使学生的身心得到全面的发展和完善。

3.体现“终身体育”指导思想

在我国政府提出的关于提高国民健康水平的一系列指导思想中，“终身体育”应该是涉及范围较广、影响力较大的一个重要国家发展战略。在学校的体育教学中，特别强调了终身体育的重要性，在现有的教育体系下，以加强培养学生的运动兴趣和运动习惯为基本方向。

在体育教学设计中，要着重体现以发展学生的终身体育为指导思想，通过相适宜的体育教学来挖掘学生的体育兴趣、态度、爱好等。当学生意识到自身身心发展对体育运动的需要以及对体育活动的兴趣爱好，就会自觉自动地开展相应的运动，并且在这一过程中收获努力付出后的甜美果实，这是激励学生能不断跳出舒适区，坚持体育锻炼的核心动力，也是坚持终身体育的唯一可能。

（二）要满足全体学生的发展需要

1.涵盖全体学生的体育锻炼需要

体育教学和其他学科教学不同的是，其他教学仅对学生的智力水平有要求。但是体育教学除了要求学生具有基础的智力水平之外，学生的身体素质水平、性格特征等对体育学习都会产生重要的影响。如果教师在体育教学设计中，忽视了学生的这些差异，那么必然会有一部分学生由于自身心理或者身体的某些特征而在体育学习过程中存在一定的障碍。于是，在进行体育教学设计时，应有意识地涵盖所有学生的基本身体与心理情况，并对此做出合理的应对，从而让所有的学生都能够获得合适的体育教育和培育，而无论他们现有的身体素质或运动能力如何。这是科学体育教学设计的重要目标，也是推行“终身体育”的重要条件。

2.体育教学设计要提高学生的创造力

在体育教学设计过程中，还要杜绝以往那些更重视将体育知识和体育技能传递作为教学主要目标的过时观念。随着社会的进步，科技的发展，以及人工智能的日新月异式的发展，国家和社会对人才的需要发生了巨大的变化，未来社会的竞争将更加激烈，而且将简单的重复性劳动逐渐移交给人工智能来完成，那么对于人类而言，其创造性则显得尤为重要。因此，在今后的体育教学中，更加需要对人才进行创造性的培育，而减少对知识的死记硬背式的教育模式。

现代人才的培养更为复杂，对人才的要求也更高，不仅要具备全面的综合素质，还要具备过人的创造力，能够将存量知识发挥出更多的价值。这是大多数人才体现创造力的重要途径。

3.加强发展体育特长学生的教学设计

在重视全面培育学生的体育能力和综合素质的基础上，也不能放松对一些具有体育天分的学生进行特长培养，并就此进行相应的教学设计。从另一个角度来讲，当一个群体中出现少数成绩突出的优秀学生代表，那么会对整个群体起到带动作用，会激励其他学生更加努力地学习和训练，以优秀者作为自己前进的榜样。

在进行体育教学设计时，还应考虑到加强对具有体育天分学生的特别关注。这是因为，具备一定体育天赋的学生不仅有可能发展成为未来的体育人才，而且这些具有天赋的学生还会带动身边其他学生对体育学习的热情。因此，从教学整体而言，关注对体育特长学生的培养，能够全面地调动起学生的学习热情，激发学生的好胜心，以及激发学生主动探索体育知识和技能的好奇心，这些都十分有利于促进学生对体育运动的兴趣和热情。

（三）体育课程教材内容要多样化

随着教育改革的推进，体育教学设计也在不断尝试将新的教育理念和教学内容引进体育教学中。具体而言，就是将目前国内外最先进的体育教学理念融入我国传统的体育教学设计中，从教学模式、教学方法到教学内容、教学手段等，全面提升现有体育教学的效率和水平。其中最明显的要数对体育教学内容的优化。

体育教学本身就具有丰富的内容，然而要想将这些内容进行优化和提炼，并符合国家对体育教育提出的要求，并非易事。首先，需要在大量的可选内容中作选择，精挑细选最符合教学目标的体育教学内容。其次，这些内容之间还应具有良好的呼应，以便让不同阶段的体育课程之间的内在关联性得以显现，从而促进学生对体育知识和技能的深刻领悟和掌握。最后，要注意体育教学内容的多元化和多样性，这也是未来体育教学的重要方向。通过体育教学内容的多样化，从不同的角度激发学生的学习热情和学习兴趣，丰富学生的学习体验，加强体育教学的有效性，从而深化体育教学设计的作用。

总之，在体育教学设计时，加强对教学内容的多样化，是教学设计的重点工作方向，也是体现教学设计意义与价值的重要途径。在选择、安排教学内容的基础上，根据教材内容的特点，应用行之有效的教学组织形式，采用合理的教学方法和手段，以便更好地贯彻课程标准提出的各项要求，从而有效地实现教学目标，使教学设计效果最优化。

（四）灵活运用多种教学组织形式

体育教学效果的体现，在很大程度上要取决于教学组织形式是否科学、合理并有效。因此，在进行体育教学设计时，不仅要采用最为科学的教学组织形式，并且还要保证这些教学组织形式的灵活性，以便在具体的教学实施中，让教师能够根据教学实际情况作合理的调整，以完成教学目标为最重要的任务。

教学组织形式始终都是为教学目标服务的，因此，在选择和设计时，只要有利于教学目标的实现，应不局限于现有的教学组织形式，而是大胆开拓具有时代特性的、具有更高教学效率的教学组织形式，从而保证体育教学组织的先进性和有效性。

随着体育学科的发展，一些新的教学组织形式正逐步取代传统的、落后的体育教学形式，这是体育教学进步的重要体现，也为现有的体育教学注入了新的活力，在某些方面获得了显著的效果。因此今后要加强对教学组织的不断优化和更新，这也是体育教学设计的根本目的所在。

第三节　体育教学设计的内容与步骤

体育教学设计在具体的落实中，主要从教学设计的内容和步骤来体现，本节将围绕这方面的内容展开研究。

一、体育教学设计的主要内容

体育教学设计的内容是体育教学设计的具体体现，从体育教学目标出发，将相应的教学内容进行合理有序的编排和设计，选择最符合学生期待和需要的教学内容，以最有效的方式达成教学目标。

一般地，体育教学设计主要从以下几个方面着手进行。

（一）研究学生的学习需要

体育教学设计的服务主体是学生，这是首先要明确的一点，也是指导教学设计内容选择的重要前提。因此，体育教学设计的第一个工作，就是从学生的具体情况出发，进行系统、深入的分析和研究，将当前学生的基础条件、人格特质、生活环境以及所具备的资源条件情况等进行综合的分析，从而才能设计出符合学生需要的教学内容，实现体育教学的有效性和操作性。

对学生的研究是一项较为复杂的工作，需要投入大量的时间和精力，还需要设计者具有多年的教学实践经验，以及对当地风土人情、社会经济发展程度以及人们的基本价值观都要有基本的认识和了解，从而才能较为准确地判断学生的发展需要和对体育学习的潜在动力和条件。只有设计出符合当期学生实际学习需要的体育教学方案，才是成功的、合理的具有实际意义的，因此，无论是哪个学段的体育教学，都应该按照此顺序从学生的学习需要着手进行分析和研究，这是设计科学有效的体育教学方案的重要前提。

（二）全面分析学习的内容

在对学生的学习需要有了清晰的认识之后，接下来就是对体育教学内容的分析和选择工作。当前的体育教学内容丰富而复杂，有太多的内容可以选择，正因为此，更要做好内容选择工作，将最有效、最科学的体育教学内容引入体育教学中，需要进行科学严谨的分析。

当前可供选择的体育项目十分丰富，其中具有教学价值、适合体育教学的占有相当大的比重，因此，在众多的体育项目中进行选择是一项极具挑战的工作。在具体的操作中，以体育教学目标和学生的学习需要为前提，将具有较高的教学针对性和适应性的教学内容作为选择对象，然后对这些教学内容进行综合评估，包括其所对应的体育知识、技能的含量和水平，以及现实的可操作性，可预期的学生的喜欢程度等。最终按照评估结果，选择出最佳的体育教学内容。

（三）细化体育教学目标

在对学生的需要、海量的学习内容进行分析之后，需要进一步细化体育教学的目标，以便将学生的学习需要、体育教学内容和具体的教学目标产生强烈的对应关系，从而保证体育教学设计的科学性和有效性。

体育教学目标具有丰富的内涵，需要在一次次的细化中得到加强、深化和实现。只有将教学目标进行细化，才是付诸实践的最佳途径。当然，在细化体育教学目标的时候，不仅要考虑与学生学习需要、教学内容的横向关联，还要考虑与整体体育教学目标、其他具体的体育教学目标的系统性呼应，只有这样才能制订出科学合理的体育教学设计。

总之，明确而具体的体育教学目标是体育教学设计的重要组成部分，是制订体育教学评价的依据，是实现预期体育教学效果的重要因素。

（四）教学策略的设计

体育教学策略是体育教学的内在逻辑，是决定教学效果的决定性因素，因此，在明确了学生学习需要、教学内容选择、细化教学目标的基础建构之后，接下来就是对教学策略等一些具体的教学因素进行设计了。

教学策略的设计是体育教学设计的核心和重点，这是由体育教学策略的功能和意义所决定的。一般地，体育教学策略决定以下几个问题：

（1）课程的类型和结构。

（2）教学的顺序和节奏。

（3）教与学的活动。

（4）教学的形式。

（5）教学的时空安排。

（6）教学活动实现对策。

（五）教学媒体的设计

现代体育教学的设计还必然包括对教学媒体的选择，现代教学媒体和手段的高度发达，为体育和其他教学活动带来了极大的便利，并在某种程度上，加速了现代教育的发展进程。体育教学的设计对教学媒体的选择，具有较多优势。

首先，体育教学是一门以身体的实践为主要形式的教学活动，因此，它更加具象、更注重实践，而通过现代科技手段的加持，为体育教学赋予了更多的活力，使体育教学更加生动和形象，极大地吸引了学生的注意力，激发了潜在的学习热情。

其次，在体育教学设计过程中，是对各种媒体技术的深度利用，通过利用视频技术、信息技术以及人工智能技术，极大地拓展了体育教学的空间，将许多原本无法实现的教学内容赋予新的生命，这在很大程度上实现了现代体育教学的自主性和先进性。

总之，对教学媒体的善加利用在某种程度上就能实现对体育教学设计的创新，这是体育教学设计的一个重要环节，决定了体育教学的现代性和实效性，也是全面激发学生学习热情的重要手段。

（六）教学过程的设计

体育教学设计的另一重要内容是对体育教学过程的设计，体育教学过程是实现体育教学目标的途径和手段，因此每一步都要做到科学有效，对教学过程的逻辑性和衔接性要重点把握。同时，教学过程要尽量做到简明清晰，使体育教师在授课实践中，能够轻松理解和掌握，一般地，会采用文字和流程图的形式进行说明。

需要注意的是，体育教学过程并非是一成不变的，也不是一经设计就无法改变的，优质的体育过程设计应该是灵活的、兼容的，既对体育教学具有明确的指导意义，同时又可以根据教学实际进行灵活调整。因此，只要简明扼要地表达各要素之间的相互关系，能够清楚地指导体育教师的教学实践，成为体育教师一个实用的可供参考的教学方案。

（七）教学评价的设计

体育教学设计是对体育教学活动的完整设计，因此应该包括对体育评价进行的设计内容。体育评价是对整个教学过程的总结和回顾，是为下一步的提高找到的切实可行的依据。每一次的教学评价，都是下一次设计教学方案的指导。因此，教学评价不仅是对短时期教学成果的回望，也是每个阶段教学活动之间的联结，是推动体育教学设计不断进步的重要因素。

体育教学评价的设计，是根据教学方案制订的，是对教学过程和教学结果的检验，通过实践验证，可以更加客观地看到教学方案的执行效果，对某些环节能够进行修正和调整，从而使教学更加高效。这是教学评价的直接意义和价值。

二、体育教学设计的主要步骤

从宏观方面来讲，体育教学计划的设计主要分为两大步，一是研究阶段，一个是撰写阶段。当然，具体的又可分为对学年、学期、单元以及课时体育教学的设计，在进行学年教学设计时就已经规定了学期、单元和课时的设计规划，使之后的设计更加简单和有章可循。

（一）研究阶段

1.有关学生的研究

研究阶段是指对学生学习需要的研究，具体包括对学生的人格特质、生长环境、性格特点、身体素质、运动偏好等多种因素的研究和分析，进而得到关于学生的较为全面的信息，为设计和实施更有针对性的教学活动做好准备。

2.有关教学内容的研究

体育学科设计的教学内容繁杂丰富，需要进行精心的选择才能得到对学生最有现实意义的教学内容。因此，在进行体育教学设计之前，需要对体育教学内容做全面的分析和研究，从海量的资料中遴选出最适合当前学生学习需要的教学内容，这一步的工作需要设计者具有全面的体育素养和扎实的研究能力，才能保证最终教学方案的合理性和有效性。

3.有关教学目标的研究

整体的教学目标是国家和教育机构对全国教育系统做出的整体部署，是指导各个教育机构实施教育活动的指导思想，然而这些教学目标的具体实施，还需要更为翔实和具体的设计，这是对教学目标进行细化和研究的基本需求。通过对学生学习需要、体育教学内容等的综合研究，然后结合整体的体育教学目标，进而得出更为具体、更具操作性的教学目标。

（二）撰写阶段

体育教学设计的撰写阶段和研究阶段紧密相连，是在研究的基础上，将研究成果落实到具体的教学活动中。撰写的主要内容如下所述。

1.设计说明

（1）指导思想。

（2）教材内容分析。

（3）学习情况分析。

（4）体育教学过程及策略的设计。

2.教案的设计和撰写

教案的设计主要包括体育教学目标、教学内容、教学方法与步骤、时间、密度和强度、场地器材、教学组织等要素的设计。

上述两类体育教学设计都涉及体育教学内容设计、体育教学目标设计、体育教学方法设计、体育教学手段设计、体育教学媒体设计、体育教学策略设计等多个方面。因此，无论是设计学段体育教学计划、学年体育教学计划、学期体育教学计划、单元体育教学计划，还是课时体育教学计划，都必须包括以上几个方面的内容。

第四节　体育教学设计的评价

体育教学设计的评价，是体育教学设计的最后一步，是对该教学周期实际教学活动的总结，也是对下一个教学周期的指导。通过合理设计教学评价的内容和标准，可以很好地校准教学设计工作的现实价值。

一、体育教学设计评价的概述

（一）体育教学设计评价的含义

体育教学设计的评价，具体地说就是对体育教学设计、过程和结果的评价。

体育教学是一个动态的过程，需要对每个环节进行设计、管理、调控，才能保证教学的质量和效率。体育教学设计评价就是对这一过程的监督、检查和修正。

体育教学设计评价是体育教学设计过程的最后一环，具有不可替代的重要性。体育教学评价是体育教学设计留下的一道把手，可以对前期的设计工作进行调整和改进。

具体而言，评价的对象包括教学内容的选择是否真正贴合学生的学习需要，是否满足教学目标的全部需求，是否符合当前学校的师资情况和教学能力等，总之，是对体育教学过程中的各个环节进行多方面的评价，从而得到全面的、具有科学依据和现实基础的评价结论，进而对教学设计方案进行修正和优化。每个评价过程根据需要又可分为过程评价、结果评价、定性评价和定量评价等。

（二）体育教学设计评价的方式

1.前置性评价

前置性评价又称为诊断性评价，即在教学设计方案的正式使用之前，先要进行诊断和检查，通过人为的方式检验教学设计方案是否存在明显的错误、逻辑的漏洞、衔接环节的不妥等，总之，是对教学设计付诸实践之前的最后一次全面的检查。

前置性评价是在将教学设计付诸实践之前，尽可能地让可避免的错误和疏忽降低到最低程度，最好接近于零。这样可以避免人力、物力、财力和时间的浪费，交出一份相对完善的体育教学设计方案。

2.形成性评价

形成性评价是指在教学设计的实施过程中，对过程中学生的接受情况、态度反馈、学习体验等过程进行评价，同时也包括对学生的学习结果的评价。形成性评价可以让教师及时了解学生的学习进展，对不合适的教学环节或者教学内容进行及时的修改和调整。

3.总结性评价

总结性评价是对教学方案的最重要的评价，是对该教学计划做出的总结性评价，这是对一项教学计划的最重要的评价。

二、体育教学设计评价的作用

体育教学设计的评价具有不可替代的作用。一套成熟、优秀的教学方案，离不开教学评价的修正和不断优化。具体而言，主要体现在以下几个方面。

（1）是对体育教学理论的现实检验，并促进其不断发展。

（2）辅助体育教师提高其整体教学过程。

（3）可再次检查体育教学方案是否科学、合理和有效。

（4）通过教学评价，可以使教学方案在实施之前得到最大限度的优化，因此，这是体育教学过程中的重要一环。

三、体育教学设计评价的标准

（1）教学目标符合国家对体育教学的相关要求和规定。

（2）教学方法符合学生的认知和接受能力。

（3）教学内容科学合理，选择恰当，且题材丰富。

（4）教学过程能够充分调动起学生学习的积极性和学习热情，师生互动融洽。

（5）体育教学中恰当地融合了思政教学内容，使学生的体育教学更加完整。

（6）整体教学活动受到学生的普遍欢迎。

第五节　体育教学设计的理论基础

体育教学设计工作是在一定的理论指导下完成的，正是由于有了这些理论基础，才使得体育教学设计能够在较短的时间内得到较为完善的结果，能够很快地将最新的教学理念付诸实践，对当前的体育教学发挥出重要的指导作用。

一、教学理论

教学理论是研究教学行为的本质和一般性的教学规律的学科。体育教学设计要建立在一定的教学理论基础之上，体育教师要以一定的教学理论为指导，做好体育教学方案或教学计划的设计工作。

（一）教学理论与体育教学设计的关系

1.教学理论是体育教学设计的理论来源

教学理论主要研究体育教学过程中的各种要素，对于体育教学活动的组织与开展具有非常重要的指导作用。进行体育教学设计的目的就在于设计出理想的教学方案，促进体育教学质量的提高。在设计体育教学方案时，体育教师一定要依据一定的教学理论进行，在教学理论的指导下，去解决各种问题，制订出合理的教学方案。

2.体育教学设计是教学理论发展的结果

教学理论与体育教学设计之间联系紧密，教学理论为体育教学设计提供必要的指导，而体育教学设计则在一定程度上促进教学理论的改进与完善。

（二）教学理论的体育教学设计指导

1.基于教学理论的教学系统要素科学认知

体育教学系统非常复杂且要素众多，要保证体育教学质量的提高，就要充分认清体育教学系统内诸要素之间的关系。在教学理论指导下，体育教师要对教学系统内各项要素进行细致的分析与研究，然后结合具体的教学实际和学生特点设计出科学的教学方案。

2.教学理论指导下的教学系统要素优化组合

体育教学设计要以教学理论为基础，细致分析教学过程中的各个要素，将各个要素进行优化组合，这样才能避免教学的盲目性，保证取得良好的教学效果。

二、学习理论

（一）学习理论的概念与功能

1.学习理论的概念

学习理论主要研究的对象为人类学习的本质及其形成的机制，它属于心理学理论研究的范畴。学习理论体系涵盖的内容众多，它主要强调人类的学习是因经验而发生的行为变化。

2.学习理论的功能

学习理论对于人们研究各领域的问题提供了必要的理论指导，其功能主要体现在以下两个方面。

（1）提供学习研究的途径与方法

一般来说，学习理论是个体学习心理和行为的研究，为人们在体育教学方法的选择上提供了重要的依据。

（2）揭示学习的基本规律

学习理论在一定程度上解释了学习的发生和发展过程，分析了教学过程中各种因素产生的原因，并充分解析了良好的学习效果是如何获得的，另外还为教学过程的科学设计提出了具体的教学方法和教学策略，这对于教学质量的提高具有非常重要的意义。

（二）学习理论的体育教学设计指导

在体育教学中，学习理论研究领域存在着不同的学派，他们关于学习的观点对教学设计指导具有不同的侧重。下面主要分析行为主义、认知主义和人本主义、建构主义几大学派的观点。

1.行为主义学习理论

（1）行为主义学习理论的思想内涵

在体育教学设计中，行为主义学习理论也是其重要的理论基础和依据。这一理论的核心在于分析学生作业、分析教材内容、分析学生学习行为等。另外，学校体育教学中的一些较为复杂的因素也会考虑在内。

（2）行为主义学习理论体育教学指导

以行为主义学习理论为指导，能保证体育教学设计的科学性，在具体操作中应注意以下几个方面的要求。

第一，要高度重视体育教材内容的合理安排，重视不同教学内容之间的逻辑顺序，确保教学内容之间的连贯性，有利于学生学习水平的提高。

第二，综合分析体育教学系统中的各项要素，加强各项要素之间的联系。

第三，要重视学生学习相关信息的反馈，建立一个有效的反馈机制，客观评价学生学习效果，为体育教学设计提供必要的理论与实践依据。

2.认知主义学习理论

（1）认知主义学习理论的思想内涵

认知主义学习理论非常强调尊重学生的特点与发展规律，要求体育教学设计要以学生的发展为根本基础。

（2）认知主义学习理论的体育教学设计指导

第一，体育教师应深入分析学生在教学中的地位和影响，加强体育教材内容的设计与研究，设计与安排合理的体育教学内容，有利于学生更好地学习和掌握体育知识与运动技能。

第二，体育教师要重视体育教学系统中的每一个要素，如体育教学模式、体育教学方法、体育教学手段、体育教学评价等，在完善的体育教学系统下，促进学生的全面发展。

3.人本主义学习理论

（1）人本主义学习理论思想内涵

人本主义学习理论要求体育教学要坚持“以人为本”的基本原则，即体育教学活动的开展要以“学生”为本，一切教学活动都要建立在学生学习需要的基础之上。

作为体育教师要始终坚持“以人为本”的教学原则，设计的教学内容要紧紧围绕学生进行，因此，在具体的教学过程中必须要尊重学生、重视学生的学习需求，一切要以提高学生的学习水平和综合素质为基础。

（2）人本主义学习理论的体育教学设计指导

作为一名体育教师，在进行体育教学设计的过程中，要以人本主义学习理论为指导，综合考虑学生各方面特点与发展需求。

第一，体育教师应设计各种有效的教学策略，充分挖掘学生的潜能，激发学生自觉参与体育学习和运动锻炼的意识，培养其创新能力。

第二，在体育教学设计中，教师还要分析学生的学习需要和学习兴趣，培养学生学习的兴趣和动机，使学生能够在快乐的教学氛围中学习、成长，这对于学生终身体育意识和习惯的养成具有非常重要的意义。

第三，在体育教学设计中，教师应充分考虑学生的全方面发展，不仅包括学生知识和技能的提高，还要包括良好生活习惯和个性的养成。

4.建构主义学习理论

（1）建构主义学习理论思想内涵

建构主义学习理论认为，个体通过意义构建的方式获得相应的知识，教师只是在帮助学生进行意义的构建。整个学习的过程就是学生对信息进行加工，进行意义构建的过程。①

建构主义学习理论主张学生个性的培养与发挥，提倡学生积极能动性地学习。在教学过程中，强调对个体意义建构的关注，主张采取各种手段和措施激发学生学习的积极性，提高其创新意识与能力，这对于促进学生探究性、创造性的发展具有重要意义。②

一般来说，建构主义学习理论主要包括以下四个方面的要素。

①“学习情境”

创建有利于学生意义构建的情境，对于教学质量的提高，对于体育教学设计都具有重要的作用。

②“学生之间的协作”

学生之间为达成共同学习目的而展开的互相学习和提高的过程。

③“会话”

在体育教学过程中，师生，学生与学生之间都会进行一定的交流与沟通，如讨论问题、分享经验和见解等，这些都属于“会话”的表现。

④“意义建构”

指学生在已有认知结构的基础上，通过学习将新的信息整合到原有的认知结构中，从而形成一种全新的认知结构。

（2）构建主义学习理论的教学设计指导

①重视教学过程中教学情境的构建，为学生的学习营造一个良好的教学环境，以充分激发学生主动学习的兴趣。

②在体育教学设计中，利用合理的教学形式开展各项教学活动。

③利用创新的技术手段，提高学生学习兴趣，提高教学质量。

④遵循“以人为本”“健康第一”和“终身体育”的教育理念和原则。

---

① 李士刚.建构主义学习理论指导下的体育教学设计[D].大连：辽宁师范大学，2009.

② 王旅，余杨奎.建构主义学习理论剖析[J].当代教育论坛（教学研究），2010（04）：13–15.

三、系统理论

（一）系统的概念与构成

1.系统的概念

世间万物都是在一种系统的形式下存在与发展的，人类所生存的自然界是一个大的系统，所处的社会也属于一个大系统，这一系统都是由各要素所构成的。

系统是由若干子系统所构成的，小的子系统又包含诸多元素，各要素受多种因素的影响，始终处于不断发展和变化之中。

2.系统构成

不论是大系统还是小系统，其系统构成都要具备以下三个前提。

（1）元素

任何一个系统都包含诸多元素，各元素之间存在着极为密切的联系，相互制约，相互影响，共同推动着整个系统的发展和进步。

（2）结构

系统具有特定的结构。构成系统的各元素之间具有密切的联系，这样才能形成一个完整的系统，否则就不能称其为系统。

（3）环境

系统的存在与发展要建立在一定的环境基础之上，没有了环境，系统也就没有了存在的基础，系统只有依赖一定的环境才能发生作用。

3.系统特征

通常来说，一个完整的系统应具有以下基本特征。

（1）整体性

系统是一个整体，系统内的每个要素各自发挥着一定的功能，但是整体的功能大于个体，也就是说，系统功能大于各要素功能之和。

（2）相关性

系统内各要素之间的联系非常密切，相互影响、相互促进，共同推动着系统的发展与完善。可以说，系统内的各个要素都是为整体系统服务的。在体育教学系统中，教师、学生、教材等都是体育教学系统内的各个要素，它们之间的关系非常密切，具有一定的相关性，彼此共同影响与结合，从而形成一个完整的体育教学系统。

（3）反馈性

系统要保持稳定性，必须要具备一定的自我调节能力，而这一自我调节则必须通过反馈进行，通过反馈可以使系统收集到各种系统内部与外部的相关信息，然后系统根据这些信息做出自我调节，从而维持系统的稳定性。由此可见，反馈性也是系统的重要特性。

（4）环境适应性

系统的存在离不开一定的环境，系统与环境，系统内各要素与环境之间也存在着极为密切的联系。一方面，环境为系统提供一定的物质、能量要素；另一方面，环境能对系统产生一定的制约和限制。因此，系统要顺利运转必须要有一定的环境适应能力。因此说环境适应性是系统的重要特征之一。

（5）动态变化性

系统以及其中的各要素都是处于不断发展和变化之中的。在现代社会背景下，体育教学方法的选择、体育师资水平的提高等都反映了体育教学系统的动态性特征，系统及其各要素都具有动态变化性特点。

（二）体育教学系统的构成

体育教学系统非常复杂，主要由一个个子系统构成，各子系统又由诸多要素构成，这些要素的特征与功能决定了体育教学系统的功能和特点。

一般来说，体育教学系统主要由以下要素构成。

1.学生

学生是体育教学活动的主体，在整个体育教学系统中，学生是系统内的重要因素。学生这一要素也包含众多内容，如体育知识、体能、心理、智能、技能等，这些要素共同促进着学生的发展。

因此，在进行体育教学设计的过程中，应以学生为出发点，对学生的身心特点、体育知识水平、运动能力等进行深入分析，从而设计出科学、有效的体育教学方案。

2.体育教师

体育教师是重要的教学主体，没有教师就无法构成体育教学活动，体育教学系统也是不完善的。

就体育教师本身而言，体育教师要组织体育教学活动，要具备过硬的专业基础，除此之外还要看主观努力程度如何，这些因素都决定着体育教学活动是否能够顺利进行。

3.体育教学内容

当前体育教学内容主要包括以下几个部分。

（1）身体教育：增强学生身体素质。

（2）保健教育：学生学习和掌握生理与保健知识。

（3）竞技体育：最为重要的体育教学内容，帮助学生了解体育知识，掌握运动技能。

（4）娱乐教育：培养和提高学生的体育意识。

（5）生活教育：包括拓展练习、健康教育等内容，提高学生社会适应能力。

4.体育教学方法与手段

在体育教学系统中，教学方法与教学手段占据着非常重要的地位，它对于教学质量的提高起着极为重要的作用。教学手段与方法的选择要有利于体育教学目标的实现，要能满足学生体质增强和运动技能提高的要求。目前，随着科学技术的快速发展，高科技手段越来越广泛地应用到体育教学过程之中，这极大地促进了体育教学系统的完善与发展。

5.体育教学媒体

教学媒体可以说是师生交换信息和传递信息的重要工具。没有了教学媒体，师生之间的沟通与交流就会受到极大的限制，体育教学活动也便无法顺利进行。由此可见，体育教学媒体在体育教学中扮演着极为重要的角色，理应受到重视。发展到现在，体育教学媒体的影响力越来越广泛，在很大程度上影响着体育教学课程的内容与形式。

在当前科学技术飞速发展的背景下，现代教学媒体也影响着体育教学活动的开展，不仅影响教学内容的选择，还影响教学效率的提升。现代网络信息技术的发展为体育教学提供了多种途径和手段，如多媒体教育网络的利用为学生的模拟技能练习提供了便利，通过网络教育，各种教育资源得到整合，实现共享，对于学生的学习产生了积极的影响。

现代教学媒体的出现解决了传统体育教学中存在的一些问题，对于体育教学理论与实践的发展都具有重要的意义和作用。

（三）系统理论在体育教学设计中的体现

1.体育教学设计的整体观和统筹规划

教学是一个大的系统，整个系统的运行需要各个子系统的配合。而对于体育教学设计而言，也要遵从系统的整体性特点，要密切注意各个教学要素之间的联系，系统内各要素共同发展才能取得理想的教学效果。因此在进行体育教学设计时，应坚持以系统理论为指导，坚持整体观，注重体育教学整体的优化，设计出科学的整体性较强的教学方案。

2.重视体育教学系统各要素的有机联系

系统内各子系统以及子系统内各要素之间的联系非常紧密，在共同的体育教学目标支配下发生作用，因此必须要重视体育教学系统内各要素之间的联系，只有系统内各要素发展了，才有可能实现整个系统的功能。

第六节　体育学科发展中体育教学设计的应对

我国政府对我国体育事业的发展非常重视，甚至将其纳入国家发展战略。在这样的历史背景下，体育学科的未来发展，将产生重要的转折，而体育学科的发展首先要从体育教学设计开始，本节将从体育教学设计的应对展开分析。

一、要符合当代人才培养的教育理念

（一）与素质教育发展要求相一致

体育教学设计是体育教学的组成部分，应符合我国当前的教育理念，尤其要符合发展素质教育这一重要的指导思想。在素质教育思想的指导下，我国的教育逐渐由传统的应试教育向素质教育转型，这在体育教学方面也有明显的体现。就体育教学设计而言，应全面落实素质教育思想，将提升学生的综合素质贯穿在整个体育教学设计中。

在体育教学设计中强化素质教育，基本上就是将原来的单一技能传授的教学模式，转变为激发学生的自主自觉学习意识和学习兴趣，使体育教学发挥出兴趣培育和体育技能培养的重要功能。现代和未来社会的人才，不需要牢记太多基本的知识和定理，但是需要具有将知识创造性应用的能力。对于体育教学设计而言，指导学生养成树立目标、自主创造学习机会和解决问题的能力，将是体育教学的重要价值的体现。

（二）推行以人为本的教育理念

以人为本的教育理念也是在素质教育思想的指导下推出的体育教育核心

思想。根据体育教学的特点，以人为本教育思想的提出，为体育教学改革指明了方向，这是对素质教育思想的进一步细化。今后的体育教学设计应积极响应素质教育的要求，在充分尊重学生学习和发展需要的前提下，大胆探索健康教育的方式和手段，并将健康教育作为体育教学的重点内容，这也符合体育教学最根本的目标。体育教育最初的目标就是以发展学生的身体素质、提升国民的健康水平为基本诉求的。在当前的社会背景下，这一基本目标仍然具有历史意义。因此，将以人为本作为体育教育的核心理念，与目前的社会发展要求相一致，体现着进步的教育观念。

（三）加强终身体育的教育思想

终身体育指导思想与素质教育思想、以人为本教育思想一脉相承，是我国全面提高国民健康水平的重要举措。终身体育必须从学生抓起，使他们在人生的起步阶段，就培养出良好的健康意识和体育兴趣，从而养成坚持锻炼、终身体育的观念、意识和能力。

终身体育教育的最终意义，是普通国民都具有较强的健康体质和良好的生活习惯，将体育作为日常生活中的固定内容。生命不息，运动不止，人的健康水平与体育健身具有必然的关系，而只有从小就学会并养成体育锻炼的能力和习惯，培养起浓厚的兴趣，从体育锻炼中获得明显的益处，无论是生理上还是心理上，这些受益会成为学生坚持终身体育的动力源泉，让他们能够自觉地克服生活中遇到的一些阻碍或者困难，坚持将体育运动作为日常生活的一项基本内容。

二、要符合当前体育学科的发展趋势

体育学科的发展在近几十年内表现得较为突出，逐渐从不被重视的边缘位置，发展成为今天与文史哲和数理化同等重要的位置，这是体育学科的价值越来越被认可的体现，也是体育学科未来的发展趋势。

随着时代的进步，社会和国家对人才的需要也在发生显著的变化。在进行体育教学设计时，尤其应明确这一前提，即人才的培育要符合社会发展的需要，符合当前体育学科发展的趋势，这是保证人才有效输出的基本原则。

三、要体现体育教学内容的多样化

体育学科的不断发展，其各个组成要素也应该对应地共同提升，因此，必须得到特别的重视。体育教学设计最终要体现在体育教学内容上，教学内容的优劣直接影响体育教学的效果。因此，在体育教学设计中，在教学内容方面要加大研发力度，增加教学内容的质量，尤其是增加教学内容的多样化，从而可以更好地满足学生的兴趣特点和学习需要。

第二章
现代体育教学设计的系统研究

现代体育教学设计是一个比较健全的系统科学，各个组成部分在系统中发挥着各自的作用和价值，从而使整体上保证了体育教学的完整性和有效性。本章将从现代体育教学目标设计、现代体育教学策略设计、现代体育教学组织设计、现代体育教学过程设计等十分重要的几个构成要素进行研究和分析。

第一节　现代体育教学目标设计

一、体育教学目标设计的意义

（一）促进学校体育教学总目标的实现

科学、准确的体育教学目标是保证体育教学总目标实现的重要基础。科学进行体育教学目标的设计能够有效指导教师开展体育教学，促进学生所学内容达到预期的效果。只有通过科学设计学校体育教学目标，才能保证课程的方向性和稳定性。

（二）为体育教材和教学活动的设计提供依据

教师通过体育教学目标来设计相应的教学活动，并实施体育教学。因此，在这一过程中，体育教学目标为体育教学活动的设计以及体育教材的分析提供了重要的依据。

（三）指导体育教师的教学活动

在开展体育教学活动中，体育教学目标指导着教师体育教学活动的开展，使得其能够明确“如何做”。因此，通过体育教学目标设计，能够使得教师理清体育教学的思路，合理选用体育教学的方法和手段，促进体育教学效率的提高和效果的改善。

（四）可提高学习者的学习效果

体育教学目标不仅对教师具有重要的指导作用，对学生同样如此。通过科学设计体育教学目标，能够使得学生的学习具有方向性和针对性，从而避免盲目学习。

（五）促进体育教学评价的进一步完善

科学的体育教学目标设计能够有效促进体育教学评价的完善和优化，使得体育教学评价能够更加客观、全面。体育教学评价以体育教学目标及其实现情况为依据，因此科学进行体育教学评价就首先需要具有科学的体育教学目标，在此基础上才能够开展多方面的评价。

二、体育教学目标设计的依据

体育教学设计是制订教学整体框架的重要一步，对完整的体育教学设计质量具有决定性影响，在具体的设计过程中，需要依据以下几个方面进行。

（一）以学校体育教育的功能为依据

体育教学的目标的核心内容即教学的任务，体育教学具有多方面的任务，他们共同构成了体育教学目标，用以实现促进学生的身心成长的目的。因此，在进行体育教学目标设计时，应积极强化体育教学活动，使它的各项目标都能顺利达成，发挥出应有的作用。

（二）以体育教学各层级目标为依据

在学校的体育教学中，体育教学目标会按照不同的层级进行分化，经过层层分化，体现为不同层级的目标，每个层级之间具有内在的逻辑关系。每完成一个层级的目标，就可以继续向上推进，去实现下一层级的目标。因此，在进行体育教学目标的设计时，应注重对目标的层级处理，确保顺利完成总目标任务。

（三）以可供选择的教学内容为依据

体育教学内容异常丰富，但是由于受到各种主观和客观因素的影响，并不是所有的体育教学内容都可以应用到课堂上。因此，在进行体育教学目标设计时，还要参考可供选择的体育教学内容有哪些，然后以这些教学内容为依据，进行更加具有针对性的教学目标设计。其目的是让教学目标和教学内容能够充分地适配，以便促进体育教学效果的提升和优化。在教学设计时，应注重对相应的体育教学内容展开深入的分析，尽量让每一项教学内容都充分发挥出其潜在的价值，能够促进教学目标顺利达成，推进体育教学工作的稳步提升。

（四）以体育教学主体的需要为依据

体育教学的主体，也就是广大的学生群体，针对不同的学生群体，设计相应的体育教学目标，是保证体育教学有效进行的必要前提。体育教育面向的学生非常广泛，不同年龄层、不同地区、不同性格特质的学生都具有不同的学习需要。因此，在设计体育教学目标时，要充分地研究所面对的学生群体的各种具体的需求，从而让体育教学目标的设计更具针对性和操作性。

（五）以体育教学的物质条件为依据

再好的设计总要付诸实践，体育教学的特殊性又体现在对场地、体育设施等具有非常明确的要求。比如篮球场、足球场、游泳池、乒乓球台等，如果没有相应的物质条件，那么体育教学也将很难完成。因此，在涉及体育教学目标时，应结合当地的体育教学设施情况做出具体的计划，使体育教学目标具有更强的实践性，成为每一位体育教师重要的教学依据，而不仅仅是一些无法实现的纸上计划。

三、体育教学目标设计的原则

体育教学目标的设计应在一定的原则指导下进行。这些原则可以起到有效的指导作用，使体育教学目标的设计工作更加顺利。

（一）科学性原则

因为体育教学目标的设计，是在科学指导下对学生进行全方位的身心教育活动，坚持科学性是保证教学有效进行的内在前提。这里的科学性原则是指，在开展体育教学目标设计工作时，一切都要以科学为基本依据和基本前提，对体育教学的设计要以深厚的科学理论为依据。体育学科的特点就是要理论与实践相结合地进行，因此在进行体育教学目标设计时，一定要在严格遵守科学理论的基础上，选择与之相适应的实践教学内容，从而让学生获得严谨的体育科学的训练，对于促进学生的全面发展具有重要作用。

同时，体育教学目标应难度适中，使得学生能够通过努力而达到，同时体育教学目标设计时还应突出重难点，使得学生有所侧重。

（二）系统性原则

体育教学是一个相对独立的系统教学，将体育教学目标进行系统的分类，按照不同的层次将目标进行细化，并且使两两之间也要构成系统的关联，形成彼此呼应、相辅相成的系统关系，从而使整体的教学设计呈现出更强的系统性和完整性。

同时，系统性原则还要求不同层次的目标之间要具有层层递进的逻辑关系，每个层级的目标的实现，都是为了下一个目标的实现作铺垫和准备，这是系统性的另一种体现。总之，在进行体育教学目标设计时，应注重系统性原则，从而使体育教学目标构成层次分明、纵横有序的教学系统，这不仅对学生的体育学习有明显的益处，而且还能培养他们自觉养成系统性学习的意识和习惯，对于培养新时代的人才具有重要的价值。

（三）可测性原则

可测性原则是指，在进行体育教学目标的设计时，还应该有意识地保证所做的教学设计是可以被测量的，即利用现有的技术和手段，可以测量教学目标的实施效果和达成情况。这是保证体育教学目标的实践效果以及可操作性的重要条件。

可测性原则是现代教学进步的体现，它更加注重教学的实际效果，而非只是完成理论上和想象中的设计就宣告结束。

（四）灵活性原则

灵活性原则是指，在进行体育教学目标设计时，在严格遵循相应的科学理论的同时，还要注意给教学目标留有一定的灵活性，即给教师的教学实践留有一定的灵活发挥的空间，让体育教师能够明确各个层级的教学目标，然后可以根据具体的实际情况，包括客观的自然环境条件、物理设施条件，以及地区的文化差异和学生的接受能力等客观因素，从而进行有具针对性的教学活动，使体育教学更加切合实际，尽量去符合每一位同学的学习需要，使体育教学的效果能够达到更高水平。

（五）发展性原则

发展性原则是指，在进行体育教学目标设计时，应具有发展的眼光和意识，不仅要紧抓当前的教学需要和目标，还应该明确教学活动是一个动态的发展过程，社会和国家对人才的发展，也是动态变化的。因此，体育教学目的设计，应该立足当下，着眼未来。也就是说，现在设计的体育教学目标要满足两个条件：一是能够满足当前学生的学习和发展需要；二是要具有一定的引导性和推动性，能够适应学生的发展潜力，推动学生的不断发展。

四、体育教学目标设计的要求

除了要遵循相应的设计原则之外，进行体育教学目标设计时，还应遵循一些具体的要求，以保证体育教学目标设计的有效性和可操作性。

（一）具体明确

体育教学目标的设计，首先要具体明确，这是保证其有效实施的基本要求。体育教学目标的设计，就是帮助所有的体育教师和学生明确体育教学要“达成什么目标”，要让所有人都能非常清楚地理解和记住这一目标，那么必须做到具体而明确，这是接下来体育教学能够顺利开展的基本前提。

具体来说，要达到具体明确的要求，就应做到表述简洁明了、语言朴素，避免歧义和误读，杜绝含糊不清和咬文嚼字的情况发生。实际上，要做到对体育教学目标的表述具体而明确，就应该使用最日常、最简单的语言进行表述，而且还要具有一定的可观察性和可测量性，从而保证了体育教学目标在实际操作中可以被清晰地观察和测量，进而便于自我检验教学的效果，和及时纠偏。

另外，教学目标不仅仅是体育教师在教学实践中的一项重要工作依据。在教学中，体育教师要及时将每个阶段的教学目标告诉学生，以便更好地完成教学，因此，只有采用简单、具体、明确的表述，才能让所有学生都能轻易理解和掌握，这是保障体育教学目标达成的重要前提。当教师和学生同时朝着一个具体的教学目标努力时，取得的教学效果一定也是他们所能达到的最佳结果。

（二）整体协调

在设计体育教学目标时，还应注重各个层级的教学目标的整体协调。如前所述，体育教学的整体目标是一个系统的整体，而每个目标之间，要彼此呼应，相互协调，从而构成一个既错综复杂、又有机统一的体育教学系统，使体育教学的实现更具效率性和可操作性。

在具体的设计实践中，有时会因为强调某一目标，而忽略了与其他目标的协调性，这就是整体协调要求存在的意义，能够及时发现和解决教学目标设计中容易出现的失误和错漏，并将这一问题控制在可处理的范畴之内。

（三）细化分解

细化分解是指，每一个体育教学目标都可以分解为能够操作的具体目标，它是保证体育教学目标的可操作性的重要条件，无论哪种教学目标，只要经过细化分解，都可成为具体的、可执行的教学活动，这是顺利开展体育教学的前提，是促进教学目标实现的必然要求。

具体而言，即每一个教学目标都可以通过具体的实践活动来实现，可以是组合的形式，也可以是独立的某项运动形式。总之，只要能够以某种或者某些体育活动形式来表达，那么就说明这一个体育教学目标是可分解的有效教学目标。

（四）难度适中

在进行体育教学时，由于都是以具体的实践活动来实现的，因此，在设计目标之初，就应该考虑到其难度应与学生的实际运动能力相匹配，最佳难度应该处于绝大多数学生的最近发展区，这样就能让绝大多数学生都能够在训练和学习中真正受益，即通过教师的指导和自己的努力，能够发展出更高的运动技能和水平，这是体育教学目标难度适中主要意义所在。

另外还应注意的是，学生的身心发展和运动能力具有一定的差异性，这是不可避免的，因此在进行教学目标设计时，也应该对教学目标给出相应的说明，即不同的运动水平应该能够完成哪个难度的练习，得到多少分数等，这样也可方便体育教师在教学实践中，针对不同的学生设计不同的训练内容，努力让不同运动能力的学生都能得到同等程度的训练，得到符合自身水平的发展。

五、体育教学目标设计的步骤

体育教学目标的设计，也有相应的步骤，这些步骤是经由体育教育工作者多年的工作经验总结所得，因此具有较高的实践指导性，对提升体育教学具有明显的促进作用。

（一）分析体育教学对象

在进行体育教学目标设计时，首先要做的就是对教学对象进行全面的分析和调查，从而保证体育教学的有效性和可操作性。其中调查和分析的主要内容包括以下几方面。

（1）学生的身体发展水平，比如身高、体重、体脂等基本情况。

（2）学生的心理发展水平，比如是否具有健康的心智水平，是否能接受一定运动挑战，是否能与集体正常地协作和配合等。

（3）学生的运动水平，比如在跳跃、奔跑、力量、速度等方面表现出的一般能力如何，是否经常参加体育活动，是否有喜欢的运动项目等。

（4）学生的综合发展潜力，比如是否具有明确的运动偏好和特长，是否有意愿在体育方面获得发展，是否能接受一定程度的艰苦训练，是否具有相应的客观条件等。

总之，以上这些有关学生的基本情况是决定学生参与体育教学和获得运动发展的基本条件，如果善加利用，能促进学生的体育运动水平的明显提高，也能在一定程度上引导学生发展出较为全面的综合素质，因此，这是进行体育教学目标设计的基本前提。

（二）分析体育教学内容

在对体育教学对象即学生的基本情况有了了解之后，接下来是对体育教学内容的分析和选择。就目前的情况看，体育教学具有海量的内容可供选择，然而要做到教学目标设计的有效性，必须进行科学的分析和选择。在明确学习者的学习需要和学习能力之后，选择相应最适合的教学内容。通过对现有教学内容的分析，以及设计和研究具有时代特色的教材，从而使体育教学更具科学性、时代性和针对性。

（三）编写体育教学目标

在完成了以上两个重要研究之后，就进入到教学目标的编写环节了。教学目标的编写是在国家对体育教学提出的整体指导思想的基础上，根据我国青少年学生的综合情况，并针对前面进行的体育教学对象研究、体育教学内容研究的具体研究结果，编写适合我国青少年学生的体育教学目标。从而实现学生对体育的学习需要、成长需要。选择合适的体育教学内容，并以最贴近学生身心特点、最有利于教学目标实现的方式开始编写教学目标。

第二节　现代体育教学策略设计

体育教学需要一定的策略指导，现代体育教学设计就是针对这一需要而设计出的符合现代体育教育的一些具体的教学组织形式、教学方法等指导教学的相关内容。

一、体育教学策略的特点

（一）目标指向性

体育教学策略具有目标指向性，其最终是为了促进体育教学目标的实现，为了保证其实现而制订出相应的具体措施。教学策略是为了解决体育教学中出现的各种问题。

（二）多样性

体育教学策略具有多样性特点，具体表现为体育教学目标具有多样性，体育教学内容多样，教学过程也是一个动态发展的过程，为了适应复杂的体育教学环境，需要体育教学策略具有多样性，保证体育教学目标的完成。

（三）灵活性

体育教学策略具有灵活性特点，这主要表现在体育教学过程中，不同的体育教学情况适用不同的体育教学策略，应根据体育教学的情况来灵活采用相应的体育教学策略。体育教学过程中，教学环境较为复杂，在教学过程中教学环境还会发生改变，这就对体育教学策略的灵活性提出了要求。

（四）教学调控性

体育教学策略具有教学调控性特点，这主要是因为体育教学活动具有动态性，体育教学策略需要对体育教学的过程进行把握和调控，最终促进体育教学目标的实现。

（五）可操作性

体育教学策略具有可操作性特点，这也是策略存在的意义，通过执行相应的策略来达到相应的目的。在体育教学目标实现过程中，需要采用相应的策略，制订相应的实施程序，并通过教学操作而最终实现教学目标。因此，体育教学策略并不是一个抽象的概念，其是可贯彻实施的，需要根据体育教学目标来制订实用的组织形式、措施或办法。

（六）整体综合性

体育教学策略具有整体综合性特点，这是因为教学效果受到多方面因素的影响，需要对各方面因素进行综合考虑。开展体育教学策略设计时，需要结合体育教学目标，将体育教学的组织形式、体育教学的手段和方法、教学内容、教学环境、教学对象等方面有机组合在一起，促进其效果的最优化。

二、体育教学策略设计的概念

体育教学策略的设计是教师为有效完成教学目标而采用教学组织形式、教学方法手段等教学因素的思路、谋略。体育教学策略的重要目的是实现体育教学效果的提升，促进体育教学目标的实现，这就需要体育教学策略的设计应明确“如何教”“如何学”的问题，从而促进体育教学效率的提升，不断加强体育教学的效果。

三、体育教学策略设计的依据

体育教学策略是指导体育教学的指导思想，它的设计具有一定的依据，主要是从体育教学的各个重要因素入手，分别进行分析，并选择最有利于教学目标实现的方式。具体可体现在以下几个方面。

（一）体育教学目标

体育教学策略的制订，首先最重要的依据是体育教学目标，这是一切体育教学策略设计和实施的根本前提，只要有利于体育教学目标的实现，凡是可以作为教学设计的素材，就可以被列入教育教学策略的采纳范围。

（二）体育教学内容

在设计体育教学策略时，其另一个有力依据是体育教学内容。这是因为，体育教学内容是直接促进体育教学目标实现的工具，体育教学内容决定了体育教学的形式和手段，也是制订体育教学策略的依据。体育教学策略就是在众多的教学内容中，根据教学目标的要求，进行有目的的选择和取舍，以及通过更加有效的顺序进行编排，从而促进学校的体育教学活动的发展。

（三）体育教学对象

体育教学策略的另一重要目的是以有益于教学对象的学习而设计更为有效的教学方案。体育教学对象也就是学生，他们是一个庞大的、具有多种面向特点的群体，并且这个群体还处于不断的发展变化中。体育教学对象作为体育教学策略的一个较为复杂的依据，需要特别的重视，既要充分考虑教学对象的身心特点，又要以发展的、动态的眼光进行分析和判断。因为青少年学生具有较大的变化空间，一方面，他们自身就处于快速发展期，另一方面，他们也比较容易受到外界的影响，因此，这给体育教学策略设计带来了一定的难度。为了能够设计出最为适合学生学习的教学策略，这需要经验丰富的体育教师团队的共同努力，充分发挥因材施教的教育理念，针对当前的教学对象采取相应的教学策略。

（四）体育教师

体育教学的开展需要体育教师的具体执行才能实现，可以说体育教师是体育教学的第一责任人。在开展体育教学活动时，教师是具体的策略实施者，因此，教学策略在设计之初，要充分考虑体育教师这一决定性因素。只有体育教师对体育教学策略持有充分认可的态度，并能够深刻理解体育教学策略的用意和目的，并具备相应的能力和素质，最终才能较为理想地实现体育教学策略设计时的初衷，保证体育教学策略的实施效果。因此，应充分考虑体育教师的专业能力、综合素质、性格特点、年龄特点等诸多因素。

（五）体育教学的客观条件

体育教学的客观条件也是体育教学策略设计的重要参考依据。因为一切体育教学都需要在一定的物质条件水平下进行，对客观条件如地区、气候、文化、场地、设施等条件都有一定的要求，或者说在不同的客观条件下，要进行不同的策略设计，才能保障体育教学的顺利开展。

比如平原地区和高海拔的山区的体育教学需要设计不同的教学策略，或者处于热带与寒带地区的体育教学也具有截然不同的客观条件，这些都是设计体育教学策略时需要考虑的因素，避免体育教学策略脱离实际。

四、体育教学策略设计的要求

体育教学策略的设计也应遵循一定的要求，以保证设计工作的顺利进行，具体体现在以下几个方面。

（一）做到目标有范例

体育教学策略的设计，就是要对体育教学目标的实施创造更好的条件，具体而言，就是要对体育教学目标进行清晰的阐述，这样才能保证教师和学生对体育教学活动的充分理解，对教学结果具有较为切合实际的预期。比如，能够直观地展示体育活动的范例，让学生对体育教学具有直观的认识，从而消解因未知而滋生的恐惧感与茫然感。通过对重点教学目标的示例，可以很好地帮助学生拉近与教学目标的距离，从而促进他们在心理上和身体上都做好学习的准备。

（二）合理组织教学内容

设计体育教学策略的直接体现，就是对教学内容进行梳理，使其更加有利于教学目标的实现，以及在逻辑上更具系统性，更加能够被学生所理解和接受。因此，教学内容的组织，一方面要兼顾体育理论的合理性，另一方面要符合学生的认知规律，以学生最易于理解的方式进行。

总之，选择最适合的教学内容，并依据体育教学策略设计的原则，将这些教学内容进行合理组织，是体育教学策略的主要内容。

（三）关注学生个体差异

再科学和先进的教学策略设计，都要经过实践的检验才能真正成为有效的策略。其中非常容易被忽视的一点，就是对学生个体差异的充分关注，并体现在教学策略的设计中。在开展体育教学策略设计时，要以学生的个体差异性为基本前提，即不能假定一种教学策略就能覆盖所有学生，忽略他们的特点，而是坚持“以人为本”，贯彻因材施教原则，尽最大努力为每个学生都设计出适宜的教学策略，从而促进他们的体育能力得到较好的发展。

（四）调动学生的学习兴趣

要使体育教学持续有效地进行，必须充分调动起学生的学习兴趣，将发展学生的学习兴趣放在教学任务之首，是促进体育教学目标实现的有力保证。因此，在设计体育教学策略时，要充分地挖掘和启发学生的学习兴趣。对此，体育教学具有较高的优势，因为具有非常丰富的教学内容和体育项目供学生选择。另外，还可以在正式的教学开始之前，设计一些有趣的活动来带动学生一起热身，快速进入运动状态。

总之，体育教学需要学生具有一定的学习兴趣才能使教学更为有效，为达到这一目的，在进行教学策略的设计时，重视起对学生学习兴趣的激发和调动环节将起到事半功倍的效果。

（五）能保证学生重复练习

正确的动作重复做，是提高体育技能的最基本的手段。因此，在设计体育教学策略时，要重视重复练习的重要性，在不同的环节，反复设计重复练习的内容，从而促进学生体育技能的形成，不断促进他们体育兴趣和运动水平的提高。在进行体育教学策略设计时，要使学生能够进行重复练习得到保证，合理设计重复的频率和位置，既保障学生运动能力的加强，又不会因重复太多，而扼杀了对运动的兴趣。

五、体育教学策略设计的步骤

体育教学策略的设计也具备相对成熟的设计步骤，具体内容如下。

（一）确定体育教学顺序

体育教学策略设计的第一步，也是最基本的一步就是确定教学顺序，这是对体育教学结构的确立，为之后教学设计奠定基础。体育教学顺序的设计依据也是由体育教学目标决定的。在不同的教学目标的指导下，选择适宜的教学内容，确立最佳的教学过程，即进行逻辑顺序的排列和设计。主要包括体育教学内容的顺序、教师活动的顺序和学生活动的顺序等。

（二）组织体育教学形式

体育教学的组织形式设计也是体育教学策略设计的组成部分，对体育教学组织形式进行分类和规划，从而可以有效地管理和促进体育教学活动的进行。一般的体育教学组织分为班级组织与小组组织两种形式。班级组织形式这样可以很好地控制教学过程。而小组形式则可以让学生有时间做练习，并通过与同学的协作与配合，加强团队协作能力的培养，对促进体育教学内容的推进也具有积极意义。

（三）选择体育教学方法

体育教学方法的选择也是体育教学策略设计的内容之一，是提高教学效率的重要途径。将相应的班级组织形式确定下来之后，就要进行相应的体育教学方法的选择。

第三节　现代体育教学组织设计

现代体育教学组织是体现现代体育教学的一个重要方面，由于现代社会的科学技术手段、体育理论、教育理论的不断发展，这些都极大地促进了体育教学组织的提升，从而有效提高了体育教学效果。

一、体育教学组织设计的概念

体育教学组织设计，就是以体育教学目标为指导，将现有的教学资源进行最科学有效的组织，从而为学生创造最有利的学习体验。

二、体育教学组织性质的分类

一般来说，体育教学的基本组织形式主要分为班级组织形式、小组学习形式和个人辅导形式三种。

（一）班级组织形式

班级是体育教学最重要的组织形式，学校里所有的体育教学设计，都是以班级组织形式进行设计的。以班级为基本单元实施体育教学是我国传统的体育教育设置，这对整体把握体育教育的进程具有明显的优势。但是它也存在一定的不足，即难以对班级中体育运动水平不同的学生展开区别教育，不利于因材施教的开展。

（二）小组学习形式

小组学习形式又可按照兴趣和水平分为两种情况。

1.按照兴趣分组

未来补充班级体育教学组织形式的不足，将学生按照对不同运动项目的兴趣进行分组进行教学，是体育教学进步的一个重要体现。比如按照运动项目进行分组，学生可以根据自身兴趣和身体条件，选择最有兴趣的小组进行学习，这是以项目分组教学的最常见形式。

2.按照运动能力水平分组

在同一班级里，或者在同一兴趣小组里，仍然会存在运动水平不同的情况，这时候就需要按照学生的运动能力进行分类。因此，将同学们按照运动水平分组也是体育教学策略设计的一部分，通过将运动水平相近的学生分为一组进行教学，可以进一步体现因材施教的教育理念，由于学生的水平相近，教师在教学过程中也能较为集中和深入地讲解相应的内容，而不必为了顾及所有人而分散精力或降低难度，这是现代体育教学的趋势，也是体现以人为本教育思想的主要形式。

（三）个人辅导形式

个人辅导在学校教学中并不多见，但是由于它也是体育教学的一个重要组成部分，因此这里也简单地给出介绍。个人辅导形式一般是针对具有特殊体育才能、较为突出的运动员后备人才而进行的教学形式。由于他们在某些方面具有较高的运动天赋，为了有效发展这一天赋，有时候会进行私教训练，通过一对一的形式，能够加强体育人才的个性发展，有利于挖掘和保护他们的运动天赋，从而为国家培养出重要的竞技体育人才。

三、体育教学组织设计的要求

（一）促进体育教学目标的达成

体育教学组织的设计，其根本目标就是促进教学目标的有效完成，因此，教育目标是体育教学组织设计的首要依据。体育教学目标的实现所涉及的主要因素，是体育教学组织设计主要考虑的对象，通过优化和提升这些要素，可以促进教学目标的达成，提升目标实现的效果，并潜移默化地培养学生的目标感和自信心。

（二）有效提高体育教学的效率

先进的组织形式是提高效率的重要途径，体育教学也具有同样的情况。通过加强体育教学组织形式，可以有效提高教学效率，这也是现代体育教学中教学组织的重点工作内容。通过发挥组织的强大功能，这也是体育教学组织的重要价值体现。

（三）持续激发学生的体育兴趣

持续地激发学生参加体育运动的兴趣，并能够自觉自发地进行体育运动，是对体育教学组织的一个重要要求。总之，利用组织的合理安排，让体育学习和体育运动更加轻松有趣，更能够吸引学生的注意力，培养其对体育产生长久的兴趣，这也是体育教育的终极目标，对我国的体育教育事业、国民健康以及国家强盛都具有重要的意义。

（四）保障体育教学的安全有序

体育教学组织设计的另一个目标，是保障体育教学能够安全有序地进行。在体育教学过程中，总难免存在一些运动损伤或者危险，这是体育活动的性质决定的。为了尽量保障学生的运动安全，可以通过科学合理的组织设计，使体育教学和体育运动都处于安全有序的状态下，以为体育教学设立第一道安全的屏障。

具体而言，比如在设计教学组织时，注意不同年龄阶段学生的运动负荷要合理，针对不同运动能力的学生群体，应细化其教学内容；要合理安排运动或训练的时间，控制运动量；要加强体育教学过程的安全防护，特别是物质设施方面，一定要在设施基础完善的前提下进行，如果学校的物质设施薄弱，那么应做出相应的调整，不能贸然在基础设施不足的条件下进行有风险的体育训练。

总之，体育教学组织的设计应重点关注教学安全的问题，因为安全是教学顺利开展的最基本的前提。

第四节　现代体育教学过程设计

由于教育理念的不断更新，以及科技手段的不断发展，体育教学的过程也在不断优化。现代体育教学过程的设计，就是不断地将现代教学理念与系统论的相应观点，融入体育教学的各个设计环节中，从而优化和提升现代体育教学的过程，提高教学效率，更加有利于人才的培养。本节将对当前的体育教学过程设计进行研究。

一、体育教学过程设计的概念

（一）体育教学过程的概念

学者佟晓东将体育教学过程理解为："体育教学过程是在教师的指导下，学生积极主动地掌握系统的体育、卫生保健知识、技术与技能，增强体质、增进健康、促进身心全面发展的一个认识和发展过程。"

（二）体育教学过程设计的含义

在体育教学过程的基础上，我们认为，体育教学的过程，就是由师生共同参与的，以实现教学目标为根本目标的、发展学生对体育的认知和实践能力的活动过程。而体育教学过程的设计，就是将相关要素按照一定的时间循序，科学地设计出相应的程序和步骤，以达到最佳的教学效果。对体育教学过程的设计，也是体育教学的一部分，是对体育教学这一长期过程的科学布局，从而有效控制体育教学的层层推进，最终达到较为理想的教学效果。

二、体育教学过程设计的基本因素

体育教学过程设计，对相关元素进行合理的设计和安排，以期设计出理想的、高效的、符合学生学习需要的教学活动过程。体育教学过程设计涉及的因素包括以下几方面。

（一）教学目标和教学任务

教学目标是教学活动的核心，是开展所有教学活动的原动力，是在开展教学活动之初预期达到的效果，也是一切教学活动努力的方向。而教学任务是对教学目标的进一步具象化处理。在设计教学任务时要充分发挥教师的主体地位，围绕教学目标和国家对体育教学的指导思想，在现有的教学条件下，针对当前学生的具体情况，设计一系列的教学活动。

教学目标侧重最终结果，而教学任务则会更多地与具体的教学实践活动相衔接，是对教学目标的落地处理，教学任务与教学目标联系紧密不可分割，共同构成了教学活动的重要组成部分。

（二）教学内容

教学内容是教学活动的具体体现，对教学内容的选择、设计与实施，将直接决定着教学过程的质量和结果，是学生对教学过程的直接感知。

因此，对教学内容的选择和利用，是教学过程设计的重要环节。教学内容是教师与学生在教学活动中彼此协作沟通的主要桥梁，因此，在设计的时候，要做好充分的调查研究。不仅要对教学内容进行全面的研究，还要掌握学生的一般情况和特殊情况，从而更加有针对性地选择和设计适合学生的教学内容，或者设计最适合的组织形式等。

总之，教学内容是教学活动中的中坚力量，既要能实现教学目标，又要符合学生的成长需要，还要同时具有先进性、时代性和趣味性，是学生能够理解且乐于接受、并愿意反复练习的学练内容。在教学过程的设计中，也是对教学内容进行反复斟酌和精心选择的过程，是考验体育教育工作者的专业知识、实践经验与设计能力的重要环节。

（三）人际关系

体育教学过程设计的另一个隐性元素，是人际关系。教学过程中的人际关系包括教师与学生的关系，以及学生与学生的关系两种。之所以会强调人际关系元素，是因为体育教学主要体现为一种身体实践活动，需要大量的人与人之间的配合与协作，因此，人际关系的优劣可以对教学过程产生或积极或消极的影响，因此，必须重视人际关系在体育教学过程中发挥的作用。

以师生关系为例，如果在教学过程中，主要以教师主导、学生跟随的形式进行教学，那么或多或少地会削弱学生的主动性和积极性，长期来看对体育教学会产生不利的影响。因此，应特别指出师生关系的处理模式，即以学生为主体、以教师为主导，这是一种难以简单定义的人际关系，也没有固定的标准答案，需要教师和学生在大量的教学实践中不断探索和尝试，最终找到同时满足以上要求的一种人际互动模式。在现实教学中，即使是同一位教师，在教授不同的班级时，他们的互动模式也略有细微的差别，因为人际关系是一种十分复杂的关系，需要在双方的互动中确立。另外，人际关系是动态的、发展的，在体育教学过程设计中，通过对人际关系给出合理的建议来实现提升教学效果的目的，但是无法对人际关系进行设计，只能进行引导。

三、体育教学过程设计的原则

由于体育教学过程设计较为复杂，涉及诸多元素，而且其中一些元素还是动态的、发展的，这给设计工作带来了一定的难度。因此，体育教学设计过程需要遵循一定的原则进行，才能保障设计工作的顺利进行。

（一）学生为学习主体原则

当前的教育理念，从以往的以教师教学为主，转变为以学生的学习为主导，这是教育观念进步的表现。以学生为学习主体的教育观念对教学过程设计具有决定性的影响，即在教学过程中要激发学生的主动性，鼓励学生尽可能地参与教学活动，使师生之间进行融洽沟通得到保证，从而让体育教师和学生的双边活动更加活跃。除此之外，体育教师需要让学生积极地动脑、动口、动手，推动学生由被动接受知识转变成主动接受知识，从而达到“会学”的要求。

（二）发挥教师主导作用原则

体育教师的主导作用应当反映为引导学生独立获得知识以及培养能力，而并不是灌输知识。因此在进行教学过程设计时，应巧妙地转变教师的角色及其作用，更多的是发挥教师的主导性和辅导性的作用。

（三）遵循学生认知规律原则

在体育教学过程设计中，体育教师要严格遵循学生的认知规律，与学生独特的认知要求相符是获得理想教学效果的重要基础。体育教师严格遵循学生的认知规律具有很大的必要性。

（四）体现体育教学方法原则

师生为达到体育教学目标而采取的方式，就是所谓的体育教学方法。体育教学方法的常见内容有两个方面：一是教师教的内容；二是学生学的内容。在选择体育教学方法时，体育教师要将体育学科的特点与学习内容相结合。

（五）媒体优化原则

多种媒体组合后形成的优化结构也是教学媒体系统功能充分发挥出来的重要方式和途径。通过有效优化媒体技术，能够为体育教学带来质的突破。

四、体育教学过程设计的要求

（一）注重过程的系统性与逻辑性

体育教学过程的设计是对体育教学实践的具体实施的设计，因此需要特别注重设计的系统性与逻辑性，而避免只是强调对某个体育知识和技能的讲授，却忽视了体育知识的整体性。体育教学涉及众多学科，因此，在进行教学过程设计时要有意识地将各个学科的知识有机地融合，尽量做到给予学生翔实、生动的学习体验，并且不仅知其然，还要知其所以然。

（二）从各自的教学实际出发

由于教学过程与各个学校自身的师资力量直接相关。因此，在进行体育教学过程设计时，必须从各个学校的实际出发，选择最有利于发挥自身优势的方式，扬长避短，努力在现有的条件下，为学生提供最先进、最高效的体育教学。最大限度地与学校的物质条件和校园文化相结合，使彼此产生互相促进、彼此依赖的正向的体育文化生态，为学生营造一个积极向上、团结奋进的校园体育文化氛围。使体育教学过程成为贯穿学生体育知识和技能学习的有力支持，并能够起到逐渐培养学生体育兴趣的作用。

第三章
体育课教学设计

体育课教学设计是体育教学过程中的重要核心组成部分，是体育教学的具体呈现。本章将从体育课教学设计的内容与模式、体育课教学设计的操作方法、体育课教学有效互动与管理、体育课教案设计以及体育课教学设计案例几方面展开阐述。

第一节　体育课教学设计的内容与模式

体育课教学设计的内容和模式构成了体育课的主要内容，也决定着体育课的质量，因此放在体育教学设计的首要位置。

一、体育课教学设计的内容

体育课教学设计是体育课教学活动的前期工作，是体育课教学的一部分，是为教学实践提前做出的规划和方案。不同地区、不同阶段的体育课教学，其具体内容各不相同，但一般都包含以下内容。

（1）确定课的教学任务和教学重点。

（2）确定课的类型与教学结构。

（3）分析教材的意义。

（4）选择适当的教学方法和手段。

（5）语言的运用。

（6）拟订辅助性教学措施。

二、体育课教学设计的模式

（一）体育课教学设计模式的含义

体育课教学设计具有一定的模式，在认识教学设计模式之前，有必要先对模式有所认识。模式，就是系统化的、稳定的，能够被整体借鉴和模仿的样式，它通常起到某种规范的作用，尤其是对结构和框架做出确定性的定义。

对于体育课的教学模式而言，就是为实现体育教学目标而设计一种具有规范形式的体育教学范式，由于其系统性和稳定性的特点，通过教学模式的设计，能够对我国体育教学的长期发展进行有效的控制和预期。

简单来说，教学设计的模式就是将体育理论与实践的有机结合的方式。

（二）体育课教学设计模式的功能

体育课教学设计模式本身具有非常重要的功能，具体来说，可以从以下几个方面得到体现。

1.能够直接指导体育教学设计实践

体育教学设计模式是指，通过一定的体育教学设计模式，能够将一套经过科学和实践检验的教学方法做到准确地传播、传承与复制，这在一定程度上保证了我国的体育教学质量。具体来说，体育教学设计模式能够指导教学内容的取向、选择等诸多方面的内容，能够让教师在教学工作中胸有成竹，能够更加自信、自如地发挥他们的教学才能。

2.为体育教学设计研究提供依据

体育教学设计模式是教学实践经验的高度总结，也是对体育教学理论的实践，因此，其中包含着丰富的研究价值和内容，它为体育教学设计的研究提供了重要的依据和支持。

（三）体育课教学设计的常见模式

体育课教学设计包含四个基本要素，即学习者、目标内容、教学策略、教学评价。在该结构的基础上，可以构建以下几种设计模式。

1.乔纳森模式

图3–1所示的是乔纳森模式的结构图，该图反映了乔纳森模式包含6个

基本要素，这些要素从内到外（问题→社会背景支持）对应的教学环节分别是学习主题的确定、教学情境的创设、信息资源的设计、自主学习的安排、协作学习环境的设计、环境条件支持的获取。

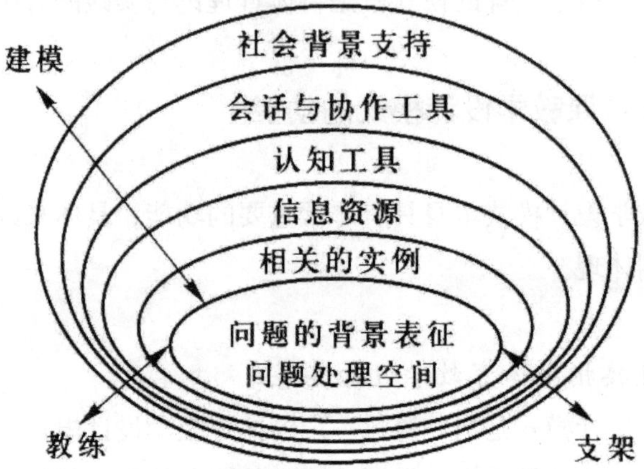

图3–1 乔纳森模式①

最里面的“问题”是该模式的核心要素，在该模式的具体实施中，主要围绕这一要素来设计整个教学方案。

2.肯普模式

肯普指出，教学目标、学习者特征、教学资源及教学评价这四个要素构成了完整的教学系统，这些要素所涉及的具体教学环节如图3–2所示，即图中小椭圆形表示的10个环节，开展这些环节的工作，主要是为了解决下列三个问题。

（1）学习者需要和应该学到什么。

（2）教师应如何“教”，学生如何“学”才能实现教学目标。

（3）评价预期教学效果。

① 关北光，毛加宁.体育教学设计[M].成都：西南交通大学出版社，2016.

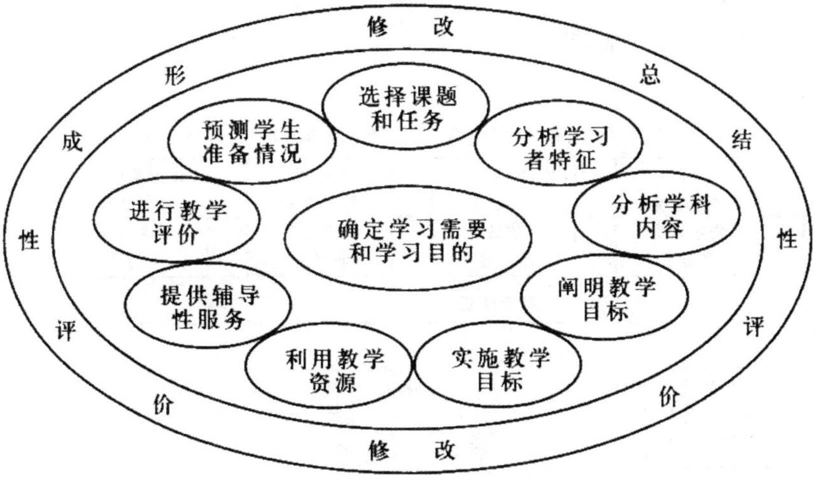

图3-2　肯普模式[①]

3.“四阶段”设计模式

上面提到的设计模式都是由国外学者提出的，而且这些模式大都可以概括为分析、设计和评价三个环节。我国学者在借鉴这些研究成果的基础上，结合我国体育教学情况，提出了包括设计分析阶段、选择决策阶段、设计发展阶段及修改评价阶段的“四阶段”设计模式，如图3-3所示，这反映了我国学者在教学设计方面的基本思想。

（1）分析阶段

准确分析与把握学习背景、学习任务以及学习者。

（2）选择决策阶段

需要做出选择与决策的内容有教学信息资源、教学媒体、教学模式以及设计方法。

（3）发展阶段

将有价值的、可行的产品创造性地设计出来。

① 关北光，毛加宁.体育教学设计[M].成都：西南交通大学出版社，2016.

（4）评价阶段

评价和修改整个教学设计。

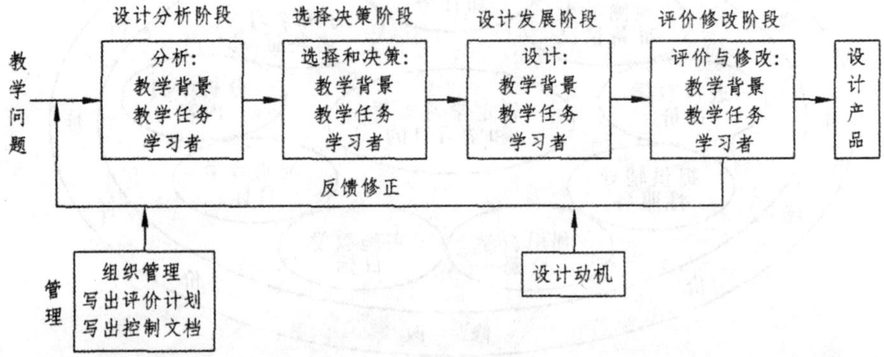

图3-3 “四阶段”设计模式①

第二节 体育课教学设计的操作方法

在了解了体育课教学设计的内容、模式之后，接下来就要准备进入体育课的教学设计工作环节，由于不同地区、不同阶段的体育教学具有各自的特点，因此会表现出明显的差异化和个性化，为了进一步保障体育课教学设计工作的顺利开展，还需要明确体育课教学设计的依据和原则。

① 杨雪芹，刘定一.体育教学设计[M].桂林：广西师范大学出版社，2008.

一、体育课教学设计的依据

体育课的教学设计是在国家给出的教育指导思想的指导下，按照体育教学目标而设计的具体体育教学实践的内容。尽管因不同地区、不同学校和不同教师等因素，会出现教学风格迥异的情况，但是，整体上在进行教学设计时都依据以下几方面进行。

（一）依据体育课健康标准

我国的体育教学都是严格依据国家出台的相应标准而进行的。体育课的设计一般是以2001年教育部颁布的课程标准为基本依据。课程标准是教学指导性文件，教师的课堂教学设计应该依据课程标准。但是课程标准只是对教学实践活动给出纲领性和框架性的指导，并没有规定具体的教学内容，体育教学工作者需要在此标准下，根据当地的具体情况而设计相应的内容。

（二）依据教学对象进行设计

体育课的教学设计必然是在以学生为主体的这一前提下进行的。体育教师在设计具体的教学内容时，必须以所教学生的特点为设计的重点参考依据。比如，学生的身体素质、智力水平、心智发展、性格特质以及运动基础等，都是教师设计教学内容时的参考因素。这是保证体育课教学设计科学合理的重要前提。

（三）依据体育教学的客观条件

体育教学是一种实践型教学，因此对客观环境有明显的依赖性，因此，体育教师在设计体育课的教学内容时，必须以当地的自然环境、物质基础和设施条件为依据，量力而行，设计具有操作性的体育教学内容。比如，有些经济贫困地区，不要说不具备足球场、篮球场、网球场、游泳馆这些优越的体育教学环境，甚至连基本的操场都不够规范，学生们在煤渣跑道上快速跑的量和强度不可等同于塑胶跑道上快速跑的量和强度，小班的教学组织形式不一定能在大班的教学运用等等。

总之，体育教师在设计体育课的教学内容时，不仅要有遵守国家教学标准的意识，还要从现实出发，依据当地的物质条件水平以及学生的实际情况为设计依据，为学生创设适宜的教学内容，科学有序地实现体育教学目标。

二、体育课教学设计的原则

（一）符合青少年生长规律的原则

体育教学是以青少年身体的基本发展规律为基础而进行的，在体育课的教学设计过程中，也应遵循青少年的身体生长规律，通过适当的身体练习，发展他们的各项身体素质，培养其运动意识和兴趣，提升其运动能力等。这一切都应该在不伤害青少年正常的身体发育为基本原则下进行，并以促进其身体发育为目标，合理选择和实施体育教学内容。

（二）符合体育学科固有的规律

1.运动技能的形成规律

运动技能的形成和提高分为三个阶段：泛化阶段、分化阶段和动作技能形成阶段。在运动技能形成的这三个阶段有着各自的教学特点和教学任务，体育教师要本着既符合阶段教学特点又要完成教学任务的原则来设计这三个阶段的教学。

2.人体机能适应性规律

人体有自身的生物学规律，在进行体育锻炼的时候，人体在合理的身体练习和休息的情况下，通过体内异化作用，可使体内的能量超过原来水平。

人体生理机能的这个规律，对体育教学设计提出了内在的要求，比如，运动负荷、运动时间都要在人体可接受的范围之内，要给学生充足的休息时间。如果在上一节课已安排了大运动量的练习，那么下节课在设计身体练习时就要减小强度，增加练习间歇时间等。

3.人体生理机能活动能力变化规律

从安静到运动，学生要克服心理、生理的惰性，在体育课的开始部分，体育教师要设计形式多样的准备活动，来调动学生的练习情绪，活动学生的关节肌肉；在课程结束的时候，要帮助学生进行一定的整理活动，以让身体从亢奋的运动状态，逐渐向安静状态过渡，教师要切合实际地设计一些放松运动，消除疲劳，使学生得到一定恢复。

4.合理安排运动负荷的规律

运动负荷与运动技能的提高具有密切的关系。运动负荷包括负荷量和负荷强度。负荷量一般是指练习的次数、时间、距离、重量等；负荷强度一般是指练习的速度、负重量、难度等，这两者是相互制约的关系，在设计身体运动练习时，体育教师要根据学生体能和健康状况，实事求是地安排运动量，一般来说，如果运动量提高了，强度应适当降低；强度提高了，运动量应适当减少。

（三）把握主题，统筹兼顾的原则

在设计教学目标时，如何确定和设计教学目标，是当前体育教师在进行教学设计和教学实践过程中的一个薄弱环节，为了保证教学目标的科学设计和有效达成，体育教师在确定和设计目标时，应遵循以下原则。

（1）根据眼前的教学对象设计教学目标，如学生的年龄、体育学习特点、体育基础等。

（2）根据这节课教材内容的“学理”设计教学目标。这里的“学理”是指教材内容的性质、解决重点难点的原理和教学的基本规律。

（3）把握教学目标制订的层次。一般从认知、技能、情感和负荷四个方面制订课堂教学目标。

（4）目标的表述要明确而具体，并具有可操作性和能完成的条件。

（5）制定的目标要便于在课堂教学过程中检阅和评价。

（6）根据自己的教学能力、教学条件为眼前的教学对象制订能达到的教学目标。

（四）全面发展学生能力的原则

全面发展学生运动能力是体育课教学设计的一个重要原则，通过全面地发展学生的运动潜能，使学生从偶尔从事体育活动到养成体育运动的习惯等，这是促进学生身心健康发展的重要因素。总之，体育教师在进行体育课教学设计时，要着眼于学生能力的全面发展，从全面发展学生能力的角度设计相应的教学方法和手段，真正通过体育教学促进学生的体育认知能力、从事体育运动的能力、意志品质、道德准则、社会交往等能力的提升。

三、体育课教学设计的步骤

一节完整的体育课的教学设计包括下列三个阶段。

（一）分析阶段

分析阶段是体育课教学设计的基础阶段，在这个阶段要分析学习需要、教学内容，还要分析学习者。要将分析的对象、过程和结果编写成一份“设计说明”，其中包含的主要内容有本节课教学思想、教学内容、教学重难点、教学过程、教学策略等各要素的分析情况。

另外，为了使“设计说明”更充实与丰富一些，体育教师在编写中还可以加入其他内容，如教学场地设施布置、教学安全防护措施等。

（二）设计阶段

设计阶段是体育课教学设计的核心阶段，在这个阶段要完成对体育教学目标、教学策略以及教学过程的设计。教学目标、教学策略、教学过程是教案的主要内容，设计完成后便可以编写教案。事实上，设计这些内容与编写教案是很难完全分开的工作，很多时候需要同时操作来完成。在教学策略和教学过程的设计中，包含很多具体的设计内容，如教学组织形式、教学方法、教学手段、教学步骤、练习强度等。

设计阶段的设计程序以及设计结构与内容如图3–4和图3–5所示。从程序上来看，先设计教学目标和教学内容，从体育课的结构来看，基本部分的设计是重点环节。

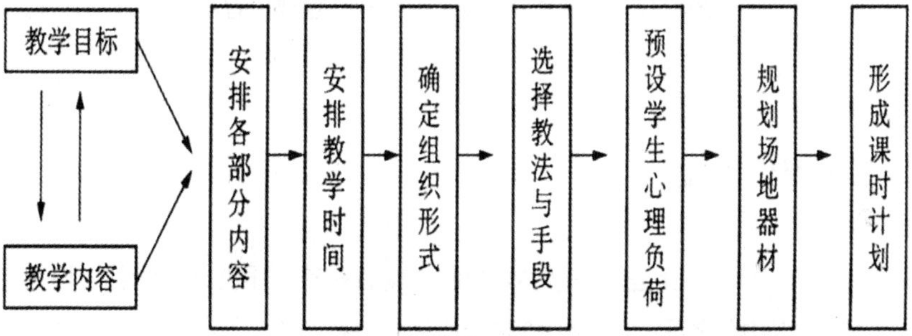

图3–4　体育课教学设计程序[①]

① 舒盛芳，高学民.体育教学设计[M].上海：复旦大学出版社，2013.

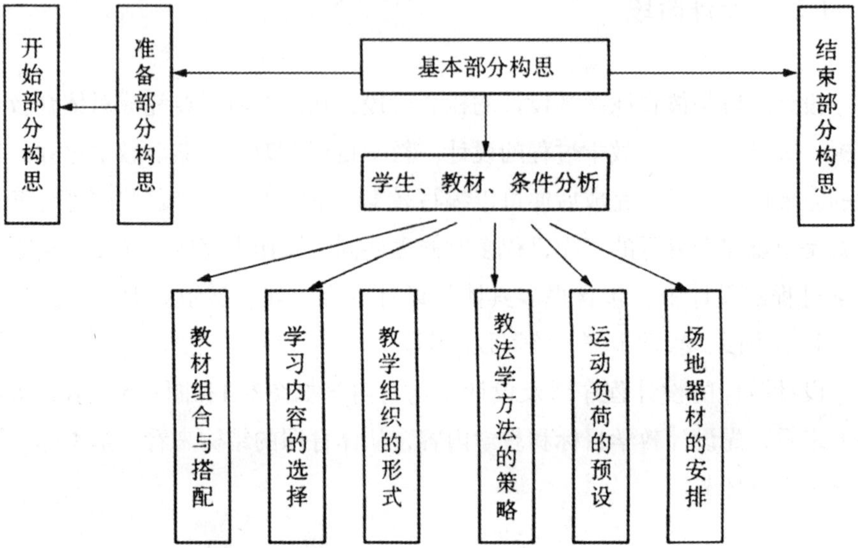

图3-5 体育课教学设计的结构与主要内容①

（三）评价阶段

体育教学设计评价是体育教学设计的最后一个阶段，这发生在设计好的教学方案得到实施之后，可以在实施过程中进行评价，也可以在完全结束后进行评价。通过评价教学效果来判断设计的教学方案是否科学、合理，是否是最优方案和高质量方案。体育教师往往要自己检查和评价自己设计的教学方案，这是提高教学质量的重要保障。

对体育教学设计的评价主要涉及以下几个方面。

（1）设计理念是否与素质教育的要求高度相符。

（2）是否在对体育教学规律和原则加以遵循的基础上进行的设计。

（3）体育课的结构安排是否合理，包括各个部分的内容安排、时间分配、运动负荷安排、教学方法选用等。

---

① 舒盛芳，高学民.体育教学设计[M].上海：复旦大学出版社，2013.

（4）教学重难点是否明确，文字表达是否准确、清晰、简练、恰当。

（5）教学设计的可操作性是否较高。

（6）教学设计是否在原来的基础上有所创新。

在完成对上述内容的评价后，可以根据评价结果和教学反馈而完善方案，最终呈现出一份最优化的教学设计方案。

第三节　体育课教学有效互动与管理

在体育课的教学中，课堂上的有效互动是教学活动的一部分，是激励学生主动参与教学、提高学习积极性的推动力之一。因此，体育教师在开展体育教学的过程中，可以通过加强对教学互动的管理，来有效提升教学质量和教学效果。

一、体育课有效互动的理念

（一）关注学生的全面发展

体育课教学的目标就是实现促进学生的全面发展，而课堂上的有效互动是实现这一目标的有效手段。加强体育课的互动环节，具体可以起到以下两方面的积极效果。

1.是对全体学生的集体关注

体育课堂有效互动是体育教师与全体学生之间的互动，这是一种有效、同时对全体学生进行关注的方式，而非仅对个别学生。通过课堂互动，教师可以推动全班同学一起发展体育兴趣，促进集体精神的养成，因此，课堂互动是一种非常有效的体育教学手段，是每一个体育教师都应努力掌握的教学技巧。但是，课堂的有效互动没有固定的模式，也无法简单地传授，它需要体育教师花费时间和精力慢慢摸索，并逐渐形成自己的风格。

2.是促进学生全面发展的有效手段

体育课的有效互动也是促进学生全面发展的途径，因为在课堂上，教师负责引领教学目标，为教学指引方向。同时，在集体的各种真实互动中，学生能获得丰富的学习体验、人际体验以及各种知识和信息，这对于学生的全面成长具有宝贵的价值。课堂的有效互动可以带给学生全面、均衡的发展机会，不仅有体育知识、健康知识、运动技能，还有社会适应、情感发展、价值观养成等多方面的教育意义。

简言之，体育课的有效互动不仅关注学生的智商发展，还关注学生的情商发展，从而促进他们全面健康成长。

（二）要求教师必须具备反思意识

1.反思与教学反思

体育课堂有效互动要求体育教师必须清楚什么样的体育课互动教学是有效的，学会判断自己的课上互动教学是否有效，如果不是，那么与目标还相差多少。这就要求体育教师具有强烈的反思意识，不断发现课堂互动中的问题，分析问题，采取有效的措施解决问题，从而促进课堂互动有效性及课堂教学质量的提高。

目前，体育教师中不清楚何为反思的还有相当一部分，既然不知道反思的含义是什么，那么就更不清楚反思的意义与作用了。著名教育家杜威最早详细地描述反思，他在著作《我们如何思维》中指出："反思是一种对于任何信念或假设性的知识，按其所依据的基础和进一步结论而进行主动的、持久的、周密的思考。"后来，各国学者开始从不同视角研究反思，因此提出了不同的看法。

一般认为，教学反思指的是教师在反思意识的支持下，对已经发生或正在发生的课堂教学活动以及活动背后的理论或假设，进行主动、周密、持续且深入的自我调节性思考，从而发现课堂教学问题，并积极探索解决办法，以实现有效的课堂教学的过程。[①]

20世纪80年代，教学反思开始兴起，这一理论传入我国是在20世纪90年代，在我国教师教育研究中，这是一个热点问题。反思能够促进教师专业发展，实现体育教师的专业化成长。美国心理学家波斯纳用一个简单的公式来说明教师的成长：教师成长=经验+反思。这个公式告诉我们，即使一个老教师有20年的教学经验，如果他只用过去获得的经验来教学，而不深入反思经验并吸取教训，将永远不会有更进一步的发展与成长。

2.课堂有效互动中教学反思的重要性

实践表明，教学反思这一环节在优秀体育教师的成长经历中是必不可少的。因此，体育教师在课堂互动过程中要不断发现自己的问题，然后积极反思，总结经验教训，不断学习，实现更高水平的发展，使自己进行课堂互动的能力提升到更高的程度，这不仅是体育课堂有效互动的需要，也是实现自我价值的需要。

体育教师树立反思意识有助于对其开展反思性课堂互动实践进行指导。而从根本上来说，体育课堂有效互动教学就是反思性课堂互动实践的典型，需要体育教师长期认真地反思与探究。但是，体育教师普遍缺乏反思精神，在体育新课程改革中，只是浅显地改良一些不当互动行为，基本不会触及那些根深蒂固的旧思想与观念，这样教师从“经验型”向“反思型”的转变就无法实现，也就无法真正提高体育课的教学质量。所以，必须高度重视对体育教师反思意识的培养，积极改善某些不合时宜的互动行为，这样才能使体育课堂有效互动的实施更有力量和效果。

体育教师只有成为“反思性实践者”，在课前、课中、课后等各个环节都有反思的习惯和能力，通过写随笔、课后小结、日记等方式不断反思自己的课堂互动行为，才能真正将体育新课程的理念落到实处，也才能使体育课

① 许文鑫.中学体育课堂有效互动的理论与实证研究[M].北京：科学出版社，2015.

堂互动更有效、更高效。

（三）提高课堂的教学效率

体育课堂有效互动对课堂互动效益尤为关注，强调时间观念和收益在课堂互动中同等重要。也就是说，体育课堂互动既要提高效率，又要使互动结果与互动目标相符。但不能简单地用“以最短的时间完成互动目标”来解释“效益”，更不能将互动效益与生产效益等同起来。互动效益指的是通过有效率的师生、生生互动，促进全体学生运动参与、体育与健康知识、运动技能、身体健康、心理健康以及社会适应的发展，同时促进学生情感、态度以及价值观的发展，有效实现课堂互动目标。

要想在体育课堂教学有效互动中取得良好的互动效益，就必须科学而合理地设计体育课堂互动方案，有序实施体育课堂互动并强调课后反思，当然，体育教师必须具备良好的互动效益意识也是一个关键之处。意识具有能动作用，具有两面性，错误的思想意识会使人们做出错误的行为，阻碍事物发展；而正确的思想意识对人们正确的行为具有积极指导作用，能推动事物发展。在体育课堂教学实践中，如果体育教师具备良好的互动效益意识，就会时刻监督自己的互动行为，反思互动效率，课后不断总结经验，以争取在下次课获得更好的互动效益，从而提高课堂互动效果。

（四）课堂互动既是方法也是策略

1.作为教学方法的体育课堂有效互动

体育教学方法具有层次性，笼统地说起体育方法时，很难确定其具体指哪个层次。有时是指像发现式教学法这样最高层次的教学方略，有时指像提问法这样中位层次的教学技术，还可能指录像演示法这样下位层次的教学工具。

互动式教学法在体育方法层次体系中属于上位层次的教学方略，是传统意义上许多不同教学方法和教学手段的组合，既包括语言教学方法，也包括示范性的直观教学方法，也可将其称为教学模式，是一种比较成熟的教学方法。将互动式教学法运用到体育课堂中，不但能够使预期的体育课堂教学目标顺利实现，还能够促进学生全方面发展，即掌握体育与健康知识、运动技能；提高运动参与能力；提高身心健康水平；提高社会适应能力；在情感、态度、价值观等方面获得积极的发展等。

2.作为教学策略的体育课堂有效互动

体育课堂有效互动也是一套教学策略。“策略”主要指体育教师采用的一系列解决具体问题的手段或行为方式，以实现体育课堂互动目标。具体来说就是按课堂互动教学进程，把课堂互动分为4个阶段，分别是互动设计、互动实施、互动结果及互动反思，每个阶段都包含一系列策略。

（1）互动设计

这一环节必须考虑科学性、全面性、可行性。

（2）互动实施

这一环节包括互动环境、互动广度、互动深度、互动内容、互动技巧以及互动生成等内容。

（3）互动结果

主要评价学生的4个学习领域，分别是运动参与、运动技能、身心健康以及社会适应。

（4）互动反思

这一环节包括目标实现情况的反思和互动生成的反思。

教师可从每个阶段的不同需要出发采取适当的教学策略，最终目的是实现课堂有效互动目标。

（五）要从形式互动走向实质互动

1.体育课堂形式层面的互动

体育课堂有效互动是一种新的教学理念，其对新课标下体育课堂教学改革的精神实质作了诠释，将传统上按部就班、毫无弹性的预设性课堂教学模式；课堂教学嬉戏化、教育表面化、学生学习质量低下化的“表面热闹型”的课堂教学模式；把“将课堂还给学生”误读为教师无事可干、学生放任自由的“放羊式”课堂教学模式完全摒弃，对体育课堂互动的真实性、平等性及有效性作了重点强调。这体现了体育课堂形式层面的互动性。

2.体育课堂实质层面的互动

体育课堂有效互动不但能够引起体育课堂形式层面的互动，更能深入引发体育课堂上体育教师与学生的心理反应、情绪感染和感受生成，这是深层的实质性互动。即充分且有机整合体育与健康知识、运动技能、思想、思维、情感、意志、人格等要素，协同发生信息、认知、情感、思想及人格的互动。

（1）信息互动

信息互动是基础，在体育课堂师生交往、互动中，信息互动是重要的媒介。

（2）认知互动

认知互动强调体育教师与学生进行互动时的平等地位及对体育与健康知识、运动技能进行探讨后在思想、人格上产生的升华效应。

（3）情感互动

这是课堂互动的动力，是促进体育教师与学生之间、学生与学生之间认知、情感、人格等多元因素的相互作用和影响的内在动力。

（4）思想互动

这是课堂互动的核心，在中学体育课堂教学中，体育与健康知识、运动技能的交流与互动只是表象与媒介，思想的交流与互动才是核心与本质。

随着学生的不断成长，体育与健康知识、运动技能成为主宰其体育方面思想的工具，利用思想这个尺度能够对一个人的体育与健康知识、运动技能体验和人生运动体验进行衡量。在体育课堂中，师生、生生之间在体育与健康知识、运动技能等方面的交流与互动最终能够引发双方思想接触、撞击甚至擦出火花，在体育课堂教学中，引导每个学生分享自己的思想能够促进学生思想迅速成长。

（5）人格互动

人格互动是课堂互动的最高境界，是体育教师与学生的人格在体育与健康知识、运动技能以及情感交流与互动中的相遇、碰撞和共鸣。它超越一切形式，追求教师与学生之间平等的心灵沟通、对话、接纳、合作、包容以及分享。可见，体育课堂有效互动体现的是一种多层次、实质性的互动，是生命主体层面的互动。

当然，体育课堂从形式互动到实质互动的转变并非一蹴而就，它经历了一个由“触动—共识”到“交融—共鸣”再到“自由—共享”的逐渐演变的过程。从形式互动走向实质互动的过程也是师生、生生互动从表浅、片面、整齐划一向深入、全面、丰富多彩转变的过程，也是不断提升师生生命质量的过程。

毫无疑问，体育课堂有效互动是中学体育课堂教学的最高理想状态，也是体育课堂教学的最高层次，因此，必须从形式层面的互动走向实质层面的互动，即师生、生生要从简单认知互动走向多元融合的互动。

二、体育课有效互动的原则

（一）主体性原则

现代教学论要求师生要对课堂教学活动的主体进行构建，因此在中学体育课堂教学有效互动中，要坚持主体性原则，具体要求做到以下两点。

1.发挥体育教师的主体作用

体育教师应深入挖掘体育教材的精髓，积极开发符合学生需要的体育课程资源，学生的认知能力、运动基础和情感、态度、价值观等各方面的情况，坚持科学、全面、可行的原则进行互动设计，创设能够促进体育课堂互动的教学情景，设计有利于师生教学的教学环节，制订可行的互动方法，然后根据互动结果积极反思。

2.发挥学生的主体作用

在体育课堂教学互动过程中，体育教师要鼓励学生主动探究，不要一味被动接受，对学生的主体意识进行培养，明确其主体地位，使学生的学习主体作用充分发挥出来，引导学生在体育课堂互动教学活动中自觉、积极、主动地参与其中，使其充分发挥自身的想象力和创造力，实现能动发展，并通过师生、生生间体育与健康知识和运动技能互动、思维碰撞、情感交融，使学生将自己的生活和情感世界主动联系起来，对课堂周围的社会环境进行探索，并根据自身所处的具体环境自主选择目标、探索、调控、建构体育与健康知识和运动技能、自我评价、自我反思，从而更好地达成自我发展目标。

需要注意的是，在体育课堂教学有效互动中，体育教师和学生都应尽可能将自己的自主性、主动性和创造性表现出来。

（二）思维性原则

以思维为核心的理解性互动才是有意义的互动，离开学生的思维活动，何谈理解，体育课堂如果没有学生的思维活动，就如同一潭死水。如果在体育课堂教学中，只是向学生灌输体育与健康知识、运动技能，而不注重培养学生的创新意识、思维能力，就会导致学生思想禁锢，没有能力独立思考、独立解决问题，更谈不上创新。所以，在体育课堂有效互动中，培养学生的思维能力是一项非常重要的任务。

学生要将自己掌握的体育与健康知识、运动技能转化为实践能力，就离不开思维这一助产士，学生智力的发展是以思维能力的发展为核心和标志的。

本质上而言，体育课堂教学有效互动就是师生、生生思维双向甚至多向活动的过程。引导学生积极思维，培养学生发现和解决问题的能力，培养学生的创造性思维是中学体育课堂有效互动教学的一个重点。

在中学体育课堂教学有效互动中贯彻思维性原则，需做到以下几点。

1.培养学生思考中建构知识与技能的能力

在体育课堂教学互动中，教师应从体育学科的特点出发有意识地培养学生动脑学习的习惯，使其突破传统上“接受式”的思维定式。提倡学生在理解的基础上熟记知识与技能，不要死记硬背，同时还要使学生将所学的知识与技战术灵活运用到比赛与练习中。

2.设置疑问，引人思考

在体育课堂教学互动中，体育教师要设置层层疑问，将静态知识技能变为动态的问题，启发学生思考，组织学生小组深入探讨，保证学生在每节课有足够的思维量，强化学生的思维过程，采取开放式的互动方式，给予学生思维自由、发言自由和动作展现自由，不强求动作完全一致，把体育课堂变为学生思维的活动场。

3.补充与拓展体育教材内容

体育教师要深入挖掘体育教材内容中的思维因素，加强对体育与健康知识、运动技能和探索性以及思维性知识、技能相结合的体育课互动教学体系进行构建，重点培养学生的创造性思维。

（三）民主平等性原则

在体育课堂互动教学中，学生心智的开启需要民主平等的师生关系这把关键的钥匙，这也是保持课堂生机与活力的重要条件之一。倘若师生关系不和谐，在体育课堂教学中就谈不上有效互动。可见，坚持民主平等原则的体育课堂教学中，教师与学生之间的关系是平等、和谐、融洽的伙伴关系，双方互相信任，学生只有信任教师，才会“亲其师而信其道”。

在体育课堂互动中坚持民主平等性原则，需做到以下几点。

1.转变传统教育观

（1）民主平等性原则强调在体育课互动中，教师与学生保持人格、地位的平等，从而实现内心的沟通，教师充分挖掘学生的潜能，鼓励学生将自己的创造力和想象力发挥出来。

（2）民主平等性原则要求改变传统的师生观，反对体育教师居高临下，提倡教师在体育课堂互动中将自己的人格魅力展现给学生，从而赢得学生的信服。

（3）教师以平等的心态、开放的方式处理体育课堂互动中发生的事件。

（4）反对教师用自己的思维方式代替学生的见解，不能用简单、粗暴的方式破坏学生的思维进程，给每个学生提供发表见解的机会，做到求同存异。

（5）在体育课堂互动中，师生共设互动目标、共研互动内容，相互启迪、交流、促进，实现体育课堂互动民主化。

2.采用多元互动方式

教师除了要做好“传道、授业、解惑”的工作外，还要适时带领学生共同学习，组织并引导学生对体育健康知识和运动技能进行探究。师生互动方式主要有集体探究、自由讨论、平等对话等多种多样的方式，传统的互动方式如垄断式、支配式等应摒弃，尽可能为学生提供参与互动的机会，保证互动机会的平等性与公平性，只有在民主、平等的氛围中，课堂的有效互动目标才能实现。

（四）尊重差异性原则

加德纳认为，每个人有言语、视觉、逻辑、身体、音乐、人际、自我反省智力和自我观察等八种智力，但不同的人拥有这些能力的程度不同，也就是说这些智力在不同人身上有不完全相同的表现，如有些人这方面能力比较突出，其他方面的能力较弱，这种不同能力的组合使每个人的智力都具有独特性，这也是学生在运动智力上存在个体差异的主要原因。

体育课堂教学有效互动中秉承的教育理念是“尊重差异、追求个性、宽容另类”，对学生的差异表示关注和尊重，了解他们在体育与健康知识、运动技能认知及情感、态度、价值观等方面的差异，有利于因材施教，这也是尊重差异性原则的体现。

在体育课堂教学有效互动中坚持尊重差异性原则需重点注意以下几点。

1.完善互动设计与互动过程

差异性原则要求在互动目标设计上注重目标的多样性和层次性，避免传统的“齐步走”“一刀切”，不能将统一的目标强加给所有学生，必须认识到每个学生都是特别的生命体，都有自己的个性，应为所有学生提供探究学习、交往互动的机会。

互动过程中，从不同学生的特点出发采取不同互动策略，兼顾每个学生的实际情况与智力水平，让每个学生都能获得良好的学习体验，使其在原来的基础上获得进步。

2.针对不同智力类型的学生因材施教

（1）对运动智力相对较差的学生，以“扶”为主，“扶放”结合，设置水平较低的互动目标，运用言语鼓励学生，加强心理疏导，采取适当的训练方法培养其运动智力。

（2）对那些“吃不饱”且精力旺盛的学生，选择的互动内容应是新颖且具有挑战性的。但不能不关注他们的学习，应及时解决产生的问题。

（3）对性格内向、不善言语的学生要特别关注、关心，给他们提供表现自我和互动交流的机会，在激励的基础上施加压力，促使他们发挥主观能动性，使其体育与健康知识、运动技能、情感、态度、价值观得到均衡而全面的发展。

（五）情感性原则

教育心理学认为，课堂教学是师生心理互动、情感互动的过程。因此，在中学体育课堂教学中，如果师生只在体育与健康知识、运动技能等认知方面进行互动，学生的高层次思维是得不到发展的，师生之间只有进行积极的情感互动，才能带动高层次的认知互动，从而才能使学生的素质得到全面提高。

心理学家威廉·詹姆士的研究也证明，一个人如果没有受到情感激励，其可以发挥的能力就只有20%～30%，当他受到情感激励时，可以发挥出来的能力高达80%～90%，也就是说，受到充分情感激励的人比未受到情感激励的人可以发挥高3～4倍的能力。在体育课堂认知活动中，情感发挥着动力与润滑剂的作用，如果体育课堂教学中情感缺失，那么就会造成教育的失败。因此，在体育课堂教学互动中，教师只有投入情感，才能对学生产生情感激励作用，才能最大限度地调动学生学习的积极性。

体育课堂教学互动具有突出的情感性，教师在教学中流露出真挚的情感，恰当运用非言语互动手段（手势、眼神、表情、声调等），再加上生动、幽默、风趣的语言，动之以情，晓之以理，并以乐教的形式对学生的“乐学”进行鼓励，创造和谐融洽的体育课堂互动氛围，从而提高学生学习、互动的积极性，这同时也能够促进师生之间相互理解，做到情感交融与互动，促进师生的有效互动。

体育课堂有效互动对于学生而言，是一种重要的学习和体验过程，他们在互动中不断体验学习的乐趣、成功和进步的成就感。所以，在体育课堂有效互动中，情感体验是必不可少的重要环节。

在体育课堂教学互动中坚持情感性原则，要求体育教师做到以下几点。

1.始终保持热情

教师以自己饱满的情绪和良好的状态来感染、带动学生，使其保持良好的学习态度和情感状态，以情育情，调动学生的学习热情。体育教师除在体育与健康知识、运动技能等认知与思想方面与学生进行交流外，还要与学生进行情感互动，做学生的“益友”。

2.创建情感课堂

教师应在课堂教学互动中努力创建让所有学生都有成功体验的情感课堂，针对不同学生的实际情况实施因材施教策略，激发学生的学习积极性与学习热情，使他们都获得成功体验。

3.深入挖掘体育教材的情感因素

在体育课堂互动中，教师通过创设适宜的课堂互动情景，向学生传授体育学科独特的知识与运动技能，让学生在互动、交流中感受自己的人格魅力和体育课程的魅力，从而体验体育学习的快乐，并把体育学习过程及与学生的互动过程看作让学生发现、感受以及欣赏体育美的特殊过程。

4.注重培养学生的情感与创新思维

在充满激情的体育课堂教学互动中往往能够将学生的奇思妙想激发出来，而这些奇思妙想是培养学生创新力的重要源泉。因此，体育教师培养学生的创造性思维，应积极采取情感互动教学这一重要途径。

（六）有效性原则

有效互动的体育课堂充满了师生、生生间体育与健康知识、运动技能以及情感、态度、价值观的碰撞与摩擦，是实现体育与健康知识、运动技能快速有效建构的场所。所以，师生与生生在体育课堂教学中的互动不能只是形式上的互动，而要以实现互动目标为目的，坚持有效性原则。

在中学体育课堂教学互动中贯彻有效性原则，具体应体现在以下几方面。

1.互动设计的有效性

在体育课堂教学互动设计上应体现科学性、全面性及可行性。教师要根据学生的体育知识经验、运动技能基础进行互动设计，并围绕学生四个学习领域的目标而展开互动，同时还要在互动设计中将预设性与生成性统一起来，使互动设计更全面、有效。

2.互动实施的有效性

在体育课堂教学互动实施过程中，要围绕学生发展这一核心来创设互动环境，选择互动内容，运用互动技巧，利用互动生成，明确互动主体参与的广度和深度，从而促进互动效率的提高。

3.互动结果的有效性

互动结果的有效性主要体现为互动目标的达成程度高。具体体现为体育课堂教学有效互动促进了学生各方面的协调发展。同时还在一定程度上实现了互动生成目标。

（七）生成性原则

课堂教学的灵魂与本质是课堂教学的生成性。生成性原则指的是有效互动的体育课堂是焕发生命活力的，每堂课是不可重复的激情与智慧互动生成的过程，在互动过程中，学生实现了进一步的发展与飞跃。

体育课堂有效互动从设计到实施尽管有科学预设和整体规划，计划性很强，但没有对其生成性进行限制，整个互动教学过程是不断变化、层层推进，并蕴含无限教学契机的，而不是完全依据预设互动目标来机械性地设计“流水线”互动流程。在互动过程中，学生思维活跃，探究欲强烈，以教师创设的互动情景和提供的教学信息为依据与同学们交流互动，并结合自己的生活经验以及已有的学习基础对新的体育与健康知识和运动技能进行建构，并将其灵活运用到练习与比赛中，且能有所创新。

体育课堂有效互动教学是互动生成的体育课堂教学，始终处于变动状态，师生、生生间的交流并不是预先设计的，教师以互动的情景为依据对互动类型和手段进行选择，从学生的学习情况或教学中的意外情况出发对课堂互动过程进行调整，随机应变，及时捕捉转瞬即逝的教育契机，使学生在锻炼思维的同时积极探索新的体育与健康知识和运动技能，重新建构体育与健康知识和运动技能，使体育课堂经过有效互动焕发勃勃生机。

在体育课堂教学有效互动中遵循生成性原则，需注意以下几点。

1.创设适宜的互动氛围

这里适宜的互动氛围指的是有助于促进学生新知识与运动技能生成的互动氛围，在这样的氛围中，容易使学生生成与建构新的体育与健康知识和运动技能。

美国心理学家罗杰斯认为，真诚理解与信任的师生关系是成功教学的基础，安全、和谐的课堂氛围是成功教学的前提。因此，和谐的师生关系和轻松的课堂互动氛围在学生新知识与运动技能的生成过程中也是必不可少的。在体育课堂教学互动中，体育教师必须努力营造轻松和谐的课堂互动氛围，让学生自由发表自己的见解，积极与人互动，教师及时判断学生的学习情况，并引导学生思维层层推进，最终使学生可以从自己已有的基础出发对来自老师与同学的体育与健康知识和运动技能信息进行灵活的选择与处理，促进新的体育与健康知识和运动技能的生成与建构。

2.善于捕捉和利用有价值的生成性资源

在日常体育教学活动中会出现许多生成性资源，其中有些资源非常有价值，但也有一些资源基本没有价值，所以，在体育课堂互动中，体育教师要针对学生的疑问、体验、出错、失误以及课堂意外事件等生成性资源，及时进行判断与选择，将有价值的生成性资源充分利用起来，并运用启发策略巧妙解决学生错误和意外事件，这有助于使学生更加深刻地体会新的体育与健康知识和运动技能建构过程，有助于学生积极健康的情感体验的内化与提升，有助于学生思维方式的转换，使体育课堂互动更真实、有效。

（八）发展性原则

在体育课堂教学中，对课堂互动有效性进行衡量，需要将发展性作为一个基本的标准。发展性原则指的是在中学体育课堂有效互动教学中，将教师促进学生自主和全面发展作为互动的出发点和落脚点，将体育课堂教学的发展功能充分发挥出来，使学生在课堂互动中获得更好的发展。

另一方面，在体育课堂互动过程中，体育教师也随着学生的发展而获得更专业的发展，达到教学相长的效果。

在中学体育课堂教学有效互动中贯彻发展性原则，应注意以下几方面。

1.树立以人为本的体育课堂互动教学观

以人为本的体育课堂互动教学观主要包括以下三点。

（1）体育课堂互动教学是促进学生发展的体育课堂互动教学的本质观。

（2）体育课堂互动教学的价值在于促进学生发展的互动教学价值观。

（3）促进人人发展与进步的体育课堂互动教学的质量观。

2.尊重学生个性，促进其多种能力的发展

在中学体育课堂教学互动中，让学生充分展示自己的个性，使其体验成功的快乐，并通过师生的交流互动，启发学生智慧，促进学生个性的完善、发现问题与解决问题的能力的提高。

3.促进学生自主发展和全面发展

在体育课堂教学中，教师通过互动引导学生参与自主性学习、合作学习及探究性学习，逐步实现学生自主发展，随着学生学习的不断深化，学生的全面发展目标也会逐渐实现，当然学生全面协调发展不是短时间内就能实现的，更不是在一节体育课上就可以解决的，而是需要通过长期的体育课堂有效互动教学才能实现学生身心、社会适应能力等各方面的均衡发展。

4.促进体育教师专业化发展

体育教师在长期教学实践中要不断学习、总结经验，吸收与内化先进体育理论知识，提高自身专业素养，同时在与学生的交流互动中也要不断提高自己的教学水平，丰富自己的体育专业知识，从而进一步加快自身专业化发展。

三、提升体育课有效互动的策略

（一）制订体育课堂有效互动目标

体育课堂互动目标是指通过体育课堂互动教学，学生在原有基础上要获得的进步与发展。体育教师要在课前设计体育课堂互动目标，须先充分了解学生的体育认知、情感、态度以及价值观，并深入研究体育教材，在此基础上才能制定目标。

目标统领一切，因此，明确具体的体育课堂互动目标，有利于体育教师接下来选择课堂互动内容和制订课堂互动策略。一般来说，制订体育课堂有效互动目标要达到下面几个要求。

1.科学

体育课堂互动目标的科学性体现在其要与学生的认知规律、情感规律、运动技能掌握规律相符。

2.全面

体育课堂教学互动目标的全面性体现在其应包括以下几方面的要求。

（1）学生运动参与发展方面的要求。

（2）学生运动技能发展方面的要求。

（3）学生生理与心理健康方面的要求。

（4）学生社会适应能力发展方面的要求。

3.具体

体育课堂互动目标要具体，不能出现模糊不清的笼统表述（如“提高运动技能”），应对学生通过体育课堂有效互动，对某个项目和具体技术方面所取得的预期效果进行明确阐述。

4.可行

体育课堂教学互动目标的可行性具体包括以下含义。

（1）体育课堂互动目标要“跳一跳，够得着”，要在学生的最近发展区。

（2）体育课堂互动目标的设计要考虑到学生的个体差异，划分目标层次，满足不同学生发展的需要。

（3）体育教师只能弹性预设互动目标，如果目标定得太刻板，体育课堂互动教学将会失去灵活性与趣味性，缺少生机和活力。

（二）认真分析学生和研究教材

1.分析学生

体育新课改实施以来，关于体育与健康课程标准的要求，依然有许多中学的体育教师没有关注，而且体育课堂交往观念也没有得到重视，体育教师对体育课堂互动不够了解，在体育课堂互动设计中无从入手。因此，体育教师只注重互动内容而忽视学生实际情况的问题普遍存在，不同学生的需要和全面发展被忽视。

进行体育课有效互动设计，要从分析学生开始，这也是体育与健康课程“学生主体”理念的体现，不管是制订体育课堂互动目标，还是选择体育课堂互动内容，抑或是创设体育课堂互动策略，都必须为学生全面发展的需要而服务。

对学生进行深入分析具体是为了实现以下目的。

（1）了解学生体育与健康知识的储备、运动技能水平、心理和思维特征、迁移能力以及互动的态度和动机等，以便将学生的最近发展区确定下来。

（2）预测学生与体育教师、同学互动中可能遇到的问题，并帮助他们找出解决困难的对策。

（3）为制订体育课堂互动目标、选取体育课堂互动内容、选择体育课堂互动方法和手段以及安排体育课堂互动过程提供依据，使体育课堂互动有的放矢，从而提升互动的有效性。

2.研究教材

在课堂互动设计时，体育教师必须准确把握体育教材内容与体育课堂教学要求，要明白“互动什么”“怎么互动”的问题。因此，体育教师深入研究体育教材是搞好体育课堂有效互动设计的基础，具体应从以下两方面着手。

（1）充分挖掘体育教材，开发教材的新元素，准确把握教材的精髓和难点，提高互动效率。

（2）注重体育教材的整体性和变化性，使体育教材更好地服务于体育课堂有效互动。

（三）有效选择和优化互动内容

体育课堂有效互动的效果直接受体育课堂互动内容这一因素的影响。目前，我国体育课堂教学内容大都以体育考试项目为核心来设置，因此体育课堂互动内容单一、枯燥，偏向竞技化，而且与学生的身心实际情况、生活体验相脱离，影响了学生的学习兴趣，导致体育课堂互动情况不乐观。

要想更好地实现体育课堂有效互动，就必须在互动设计中对体育课堂互动内容进行科学选择与优化，具体从以下两方面着手。

1.在符合客观实际条件的基础上选择体育课堂互动内容

选择体育课堂互动内容，必须与学生的认知基础、运动技能基础、学生的兴趣、学校场地器材条件等客观实际相符，而且必须为学生的全面发展而服务，同时要匹配体育课堂互动目标，确保学生通过体育课堂互动能够接收、理解、吸收互动内容，并完成对新内容的建构，实现全面发展。

具体来讲，选择体育课堂互动内容要注意以下几点。

（1）内容要全面丰富

将体育与健康知识、技术和运动技能等显性互动内容以及在体育与健康知识、技术和运动技能中隐藏的隐性互动内容（体育道德修养、体育精神、意志品质以及情感、态度、价值观等）都选入体育课堂互动内容体系中。

（2）要从学生的特征与需求出发来选择

中学体育课堂互动内容的选择要对中学生的身心特征、兴趣爱好进行考虑，如球类、武术等传统运动；跆拳道、街舞、啦啦操等新兴体育项目等满足大部分学生的兴趣需要，能够激发学生的学习热情，使学生积极参与体育课堂学习。

（3）选择的内容在学生最近发展区内

选择的显性互动内容虽然是学生还未接触或已经学过部分内容，还没有完全掌握的，但通过一定时间的课堂互动，学生可以充分掌握所有内容。也就是说，对新授课的互动内容、复习课的互动内容进行选择，都要考虑学生的最近发展区，这样才能确保学生经过努力能够掌握互动内容。

（4）内容的选择要有利于目标的实现

选择体育课堂互动内容要树立目标统领内容的指导思想，这对实现体育课堂互动目标有积极作用。

（5）基于学校基本条件选择内容

选择的体育课堂互动内容要与学校的场地、器材情况相符，要因地制宜，同时考虑安全问题。

2.优化体育课堂互动内容，整合内容资源

对体育课堂互动内容的优化与整合应从以下几方面着手。

（1）提升体育课堂互动内容的生活化程度，贴近学生日常生活，尽量从学生日常游戏中提取素材。

（2）对能够突出本校特点的体育课堂互动内容资源进行挖掘与开发，丰富互动内容，满足学生的多元需求。

（3）整合不同但有可替代性的互动内容，从而提高学生学习的兴趣，实现同样的互动目标。

（4）对竞技性较强的互动内容进行改造，使其容易被学生接受、理解，而且方便师生之间的互动，以此来提高学生的学习兴趣和互动欲望。

（四）巧妙创设体育课堂互动策略

创设体育课堂互动策略是指在体育课堂互动教学中，为达成互动目标，以教师专业化水平、场地器材等主客观条件及互动内容资源的特点为依据对课堂互动方法与手段进行探索与设计的过程。

从宏观来看，体育课堂互动策略包括认知策略、情感策略以及行为策略；微观来看，体育课堂互动策略包括互动组织形式、互动方法和互动手段等。

体育课堂教学互动相对于其他学科的课堂互动，组织形式更复杂，从不同的方面考虑，可以采用不同的组织形式，常见的情况有以下几种。

（1）针对新授课内容、复习课内容，可采用不同的互动组织形式，前者主要采用师生互动的组织形式，后者则是生生互动的组织形式。

（2）从不同项目内容出发设计互动的组织形式，如健美操和武术课的组织形式主要是师生互动，而球类项目课程中的互动组织形式主要是学生小组互动。

（3）依据学校体育课场地器材的整体安排、学生体育知识和运动技能水平等来设计互动组织形式。

在设计体育课堂互动方法时，要改变传统的单向互动方式，把常规的教学方法与师生双方互动、小组合作学习、小组探究学习等新课程倡导的新型教学方式有机结合起来。

设计体育课堂教学的有效互动手段具体涉及以下几个问题。

（1）如何创设体育课堂互动氛围。

（2）如何抓住体育课堂互动的时机。

（3）如何激发学生互动的动机。

（4）合理开发和有效利用有价值的体育课堂互动生成的资源。

（五）激励学生积极参与课堂互动

1.创设问题情境，打破传统思维定式

科学家爱因斯坦说："提出一个问题往往比解决一个问题更重要。"这很好地诠释了创设问题的重要性。因此，在体育课堂教学互动中，体育教师要打破传统定式思维，善于创设问题情境，鼓励学生自觉提问、讨论、思考，培养学生的创造思维，并在进一步互动中，加强引导和启发，促进学生深入讨论和思索，引导学生探究。

体育课堂互动问题的设置需考虑以下几个要求。

（1）设置的问题要与体育课堂互动内容的要求、学生的认知水平相符，难度适中，处于学生最近发展区，对激发学生互动热情与积极性有利。

（2）设置的问题要有启发性，与课堂互动内容紧密结合，让学生独立思考、判断，鼓励其提出自己不同的见解。

（3）尽量设置真实的、开放的及有价值的问题，为学生留出想象与思考的空间。

2.创设贴近生活的互动情境，激发学生兴趣

体育教师要关注学生已有的体育生活经验，搜集学生生活中感兴趣的

体育素材，在新理念指导下展开体育课堂互动教学，对学生的生活实际充分考虑，深入挖掘学生生活中的体育素材，创设贴近学生生活实际、符合学生实际认知水平的体育课堂互动情境，激发学生的需求、情感和兴趣，使学生在现实的学习和互动中运用已有生活经验，运用所学体育知识和运动技能，从而体会体育的现实应用价值，这无疑对实现体育课堂有效互动非常有利。

3.创设合作的互动情境，提高体育课堂互动的效率

合作型体育课堂互动是学生与学生之间有效互动的前提。合作型体育互动情境指在体育老师的组织和引导下，将学生分成若干小组，加强小组内学生之间的交流和互动，让学生以合作的方式学习与掌握体育知识和运动技能，从而提高体育课堂互动效率和体育课堂互动效果。

学生对互动内容的兴趣和热爱是体育教师创设合作型体育课堂互动情境的基本条件，所以在创设情境时，应先调动学生的兴趣与学习的积极性，并让学生明白合作学习的意义和重要性，然后对学生进行分组和小组分工。

通过合作型互动情境的创设，有利于体育课堂互动由“权威型”转变为“开放型”。但在合作型体育课堂互动情境的创设中，体育教师不能完全放任学生自由讨论和交流，而要正确引导学生互动和学习，同时严格管理互动的组织过程，为学生的安全和互动效率提供可靠保障。

（六）建立开放活跃的课堂氛围

在体育课堂互动中，体育教师要树立正确的学生观，肯定学生的主体地位，摆脱传统教学中“主体—客体”的师生关系，建立“主体—主体”的新型师生关系，这也是师生之间主体间性的体现。

师生平等的前提是主体间性，师生关系的平等、民主、和谐是建立在主体间性基础上的。主体间性视域下，体育教师应承认并尊重学生在体育课堂互动中的主体地位，相信学生具有学习和互动能力，转变角色，在学生学习和互动中充当引导者、合作者和参与者，对每个学生都要一致关心、平等对

待，以消除学生的心理畏惧以及师生间的隔阂，拉近彼此的心理距离，从而建立相互尊重、相互信任、平等、民主、和谐的师生关系。

在建立新型师生关系后，学生对体育教师敞开心扉，师生的互动交流不存在情感方面的障碍，越来越自然、频繁、顺利，同时，体育教师合理布局学生空间位置，在互动交流中不断调整前后排的位置，在物理空间与心理空间上与所有学生都保持亲密距离，营造融洽有效的体育课堂互动氛围。

在有效的体育课堂互动氛围中，学生主体意识强烈，这有利于充分调动其学习和互动的积极性，激活其思维，充分发挥其创造性，从而提高体育课堂互动质量。

（七）巧妙运用互动技巧

体育课堂互动技巧是指在体育课堂教学中促进教学主体之间相互沟通的巧妙技能。体育教师对互动技巧运用的好坏对能否实现体育课堂有效互动具有决定性影响。如果体育教师可以巧妙运用互动技巧，那么体育课堂有效互动就有实现的可能。

第四节　体育课教案设计

体育课的教案是指导体育课进行的书面资料，是保证体育教学质量的重要元素，因此对体育课教案的设计，也属于体育教学工作的重要内容。

一、教案的概念

教案亦称课时计划，它是根据教学进度和单项教学计划以及教学的实际情况进行编写的，是上课的依据。一份教案，往往能够反映一名体育教师的思想和业务水平。

教师编写教案，必须在充分备课的基础上进行。备课是写教案的前提，教案是备课的结果。写好教案不仅可以使教师心中有数，有的放矢，有利于克服盲目性、随意性，还可以提高教学工作的科学性、计划性、艺术性，以保证教学任务的完成，达到增强体质的实效。所以，编写好教案是对每一位教师的基本要求。[①]

二、体育课教案的形式与分类

（一）体育课教案的形式

体育课的教案是对各种教学元素进行科学整理与安排，会体现出一定的结构特征，这就是体育课教案的形式。体育课教案的形式是由其组成要素决定的，但概括来说，分为内在形式和外在形式两种。

体育课教案的内在形式是指按照一定的逻辑以文字的形式表达教学内容，设计教学过程，以及明确所要实现的教学目标等构成。体育课教案的外在形式反映的是教案的呈现形式，比如文字形式、表格形式、PPT形式、视频图文相结合的形式等。一般对体育课教案的形式没有固定的要求，因此这也是反映体育教师综合能力和创造能力的一个方面。

① 张长平.学校体育科研、教学课程设置、创新设计与运动损伤的预防、处理实务全书第1册[M].北京：当代中国音像出版社，2006.

（二）体育课教案的分类

1.文字式教案

按教学程序编写，具体形式为：

（1）教材内容

（2）任务要求

（3）场地器材

（4）教学步骤

（5）预计生理负荷曲线

（6）练习密度预计

（7）课后小结

2.表格式教案

表格式教案的最大特点是一目了然，文字精简，这样体育教师在教学中，如果需要查看教案，那么只需要简单地看一眼就能找到他所需要的信息，从这一点来看，表格式教案明显比文字式教案更加方便好用。表格式教案的特点体现在以下几方面。

（1）直观

表格式教案最大的特点是直观性，教师在任何时候打开教案，只需要几分钟就可以一目了然。

（2）简洁

表格式教案的另一特点是简洁，即用最简短的文字描述教学目标和教学重点。

三、编写教案的具体步骤

（一）确定课的任务

体育课的任务包括确定要讲授的运动知识、技能的任务；发展学生某一身心素质的任务；发展学生意志品质的任务等。

（二）合理安排课的各项教材

教师在准备教案时，就应该选择好相应的教材，由于体育教材资料众多，这需要教师花费大量的时间和精力去筛选，最终选择一些与学生的发展需要最适宜的内容进行教学。

（三）组织合理的教学

在进行教学组织时根据教学目标和任务、教学内容以及学生的具体实际情况，设计相适宜的教学组织方法，以保证能够最好地完成教学任务，并最大限度地保证学生的学习效果。

（四）安排好课的运动负荷

体育教学中体现体育教师专业技能的一个重要指标，就是安排和设计运动负荷的能力。运动负荷过低，那么训练效果不明显；运动负荷过高，又会损伤学生的自信心，甚至发生运动损伤。因此，一个科学合理的运动负荷就显得非常重要，这是体育教师在长期的教学实践和理论学习中不断总结和摸索的能力，这对体育教学的效果具有决定性的作用。

第五节　体育课教学设计案例

一、武术

<table>
<tr><td>学校</td><td>××××</td><td>班别</td><td>××××</td><td>室外</td><td>第一课时</td><td>教师</td><td>××××</td></tr>
<tr><td>教学内容</td><td colspan="7">1.武术基本手型（拳、掌、勾）和辅助训练方法
2.游戏：剪刀、石头、布</td></tr>
<tr><td>教学目标</td><td colspan="7">1.认知目标：80%的学生初步掌握武术基本手型和手法练习
2.技能目标：正确掌握武术三种基本手型和手法练习
3.情感目标：弘扬中华武术精神，促进师生交流，营造良好的教与学的氛围</td></tr>
<tr><td>重点难点</td><td colspan="7">1.基本手型：拳、掌、勾
2.动作与名称熟练转换</td></tr>
<tr><td rowspan="2">教学过程</td><td rowspan="2">教学内容</td><td rowspan="2" colspan="2">教师活动</td><td rowspan="2">学生活动</td><td colspan="3">运动负荷</td></tr>
<tr><td>数次</td><td>时间</td><td>强度</td></tr>
<tr><td rowspan="2">准备部分</td><td rowspan="2">一、课堂常规</td><td colspan="2">教师提前到场，准备好场地、器材，等候上课</td><td>体育委员带领全班同学按约定地点集合，检查到班人数并向老师汇报出勤情况</td><td></td><td></td><td></td></tr>
<tr><td colspan="2">一、体育委员整队集合报告人数

二、师生相互问好

三、宣布教学内容和要求

四、安排见习生、检查服装</td><td>组织队形：
××××××××××
××××××××××
○○○○○○○○○○
○○○○○○○○○○
△
1.“老师好”
2.认真听讲，明确学习内容和要求
3.见习生按要求随堂听课，做力所能及的事
要求：
1.集合队伍快、静、齐
2.遵守武德，师生互敬</td><td>1</td><td>2～3分钟</td><td>低</td></tr>
</table>

续表

教学过程	教学内容	教师活动	学生活动	运动负荷		
				数次	时间	强度
准备部分	二、准备活动	一、热身运动 二、徒手操（4×8拍） 1.头部运动 2.肩部运动 3.体转运动 4.膝关节运动 5.踝腕关节运动 三、素质练习 变步小跳练习	活动内容：热身运动 形式：集体练习 组织队形： ×××××××××× ×××××××××× ○○○○○○○○○○ ○○○○○○○○○○ △ 要求： 1.严肃认真 2.准备充分 3.注意安全	1	6～8分钟	低
基本部分	一、武术简介 二、学习基本手型	一、武术简介： 武术是以技击动作为主要内容，以套路和格斗为运动形式，注重内外兼修的中国传统体育项目 抱拳礼：左掌右拳，代表着以武会友，团结不骄傲的含义 预备姿势：双脚并拢，两手抱拳于腰间，拳眼向上，抬头挺胸，目视前方 二、基本手型 1.拳 要点：四指并拢伸直、拇指紧屈扣于虎口处。冲拳练习 2.掌 要点：四指伸直并拢，拇指弯曲压住虎口 3.勾 要点：五指第一指节捏拢在一起，屈腕 4.听口令手法组合练习 1）冲拳—推掌—勾手 2）敬礼—预备—冲拳—推掌—勾手—收势—敬礼	一、注意力集中，认真听教师介绍，提高对武术的兴趣，习武就是习德 组织队形： ×××××××××× ×××××××××× △ ○○○○○○○○○○ ○○○○○○○○○○ 二、学习基本功组织教法： 1.教师示范动作1～2遍 2.教师边示范边讲解动作 3.教师口令指挥学生集体练习 4.学生分组练习，教师个别指导 5.纠正错误动作，强调动作要领 6.学生再集体进行练习	3～4	20～24分钟	中

续表

教学过程	教学内容	教师活动	学生活动	运动负荷		
				数次	时间	强度
基本部分	三、游戏	三、游戏：剪刀、石头、布 1.宣布游戏规则： 手型猜拳 掌—布 勾—剪刀 拳—石头 2.示范 3.组织学生做游戏	规则： 采取三局二胜制输的一方要进行 “奖励”集体表演一次 要求： 1.动作准确、到位，反应灵敏 2.遵守游戏规则 分组练习 要求： 掌握所学动作的同时，力求动作的准确性	1		中
结束部分	一、放松练习 二、小结本节课的情况 三、师生再见	一、课课练 二、进行放松练习 三、小结并表扬学生，布置课后练习 四、师生互行抱拳礼再见	一、进行放松练习 组织队形： ×××××× ×××××× ○○○○○○ ○○○○○○ △ 要求： 1.调整呼吸，放松肌肉 2.积极进行自我锻炼，养成自觉进行体育锻炼的习惯 二、认真听教师对本节课的讲评，进行自我评价 三、师生再见	1	3～5分钟	低

续表

场地器材	学校操场
点评： 普通话较好，示范动作规范，刚劲有力，大多数学生掌握到了“拳”“掌 ”“勾”的基本手型。队伍调动有序，但教材较简单，课堂气氛不够活跃，教学手段单一，运动负荷小 点评人：X老师	

二、足球脚背正面运球

授课教师	×××	单位	×××	上课时间	×××	地点	运动场
教学对象	×××班		人数	40人	课次		
教学内容	足球脚背正面运球						
教学目标	认知目标：学生知道脚背正面运球完整技术的动作要领、方法 技能目标：80%学生能掌握脚背正面运球的技术动作和方法 情感目标：培养学生自信、积极向上的良好心态，增进学生勇敢无畏的精神品质						
重点难点	重点	推、拨球动作协调自然，用力适宜		难点	在跑动中运球		

教学过程	教学内容	教师活动	学生活动	组织示意图	练习	
					次数	时间
准备部分	一、课堂常规 1.体育委员整队集合，报告人数 2.师生问好，课堂点名	组织： 1.教师提前到场，准备场地器材 2.接受体委报数，向学生问好	组织： 1.体育委员整队，检查人数，向教师报告 2.向教师问好			10分钟

续表

教学过程	教学内容	教师活动	学生活动	组织示意图	练习	
					次数	时间
准备部分	3.教师检查着装，安排见习生活动 4.通过让学生思考：在这个世界上，哪项运动被人类称之为世界运动，来导入本课主题：足球。通过提问，同学们想不想学习足球，来引出本课课题：脚背正面运球 二、热身部分 1.进行绕球慢跑、各种姿势跑 2.做足球操 3.球性练习 方法：教师领跑，学生听从指挥 规则： 1.不得喧哗、吵闹、注意安全 2.听从指挥	3.口令指挥 4.宣布课的内容要求 5.检查服装，安排见习生（安全问题） 组织： 1.调动全班成三列横队集合 2.教师带领学生做拉伸热身运动	3.要求学生认真听，积极参与热身活动 4.见习生应随堂听课。见习生负责捡球			10分钟
基本部分	一、熟悉球性练习 1.原地颠球练习 2.左右交替颠球练习 3.左右脚来回颠球	组织： 调动全班成三列横队集合	学法： 1.学生看示范、听讲解、了解动作技术及重点难点			25分钟

续表

教学过程	教学内容	教师活动	学生活动	组织示意图	练习	
					次数	时间
基本部分	二、新授：脚背正面运球 （一）讲解示范脚背正面运球 动作要领：跑动时身体放松并前倾，重心低、步幅小，运球脚提起时，膝关节微屈、脚跟提起、脚尖下垂、迈步前着地时、用正脚背推拨球 （二）直线运球练习 （三）脚背正面直线运球接力赛（游戏规则略）	教法： 1.教师动作示范，语言讲解动作 2.口令指挥，调动学生 3.纠正学生错误动作 4.请技术动作好的同学出来做示范，再讲解、纠正 要求： 1.动作示范正确。讲解技术要领清楚，声音洪亮 组织： 1.讲解示范脚背正面运球要领 2.一人一球，一步一触球 3.一人一球，三步一触球 要求：游戏时要用正确的运球方法	2.模仿老师动作，积极练习 要求： 认真听讲解看示范。自己开动脑筋想技术动作 学法： 1.看老师示范讲解、明确动作要领 2.一人一球，听老师口令，积极尝试 3.相互讨论，积极展示 学法： 1.积极参与直线运球练习和曲线绕桩练习 2.运球练习中注意动作的协调性	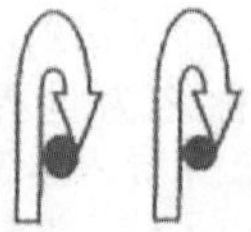 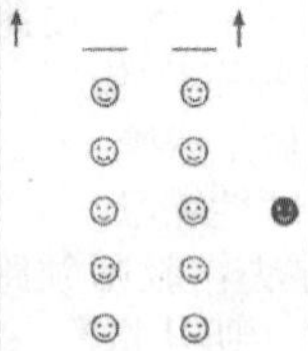		25分钟
结束部分	一、放松活动 1.静力拉伸腿 2.抖动放松手臂 3.拍拍大腿小腿 二、小结 本次课小结，讲评，及时表扬先进，鼓励后进 三、收拾器材 四、师生再见	组织： 全班集体进行 教法： 采用语言提示和镜面示范 要求： 声音洪亮 要求： 小结简明扼要	学法： 跟教师一起做，课后归还器材 要求： 尽量放松 积极发言，与师道别			5分钟

续表

场地器材	足球41个、标志桶41个	负荷预计	练习密度40%～45% 平均心率110～130次/分钟		
点评： 本节课的教学、教师能突破重点，抓住难点进行有序教学，方法灵活，学生易学，游戏有趣，学生兴趣高涨，同学之间能自主探讨，主动学习 点评人：X老师					

三、篮球原地运球

教学内容		篮球原地运球：单手高低运球		
教学目标		认知目标：学生能认识到篮球运球在篮球运动中的重要性，并初步领会动作要领 技能目标：使学生熟练掌握并学会篮球原地运球的动作，学生能分清楚高运球及低运球 情感目标：培养学生的竞争意识，以及观察思考问题的能力，团结协作能力，增进集体意识		
重点		高运球手臂用力，低运球手腕用力		
难点		高低运球目视前方，运球稳定		
教学过程	时间	教学内容	组织教法	运动量
准备部分	15分钟	一、课堂常规 1.体育委员整理队伍，检查人数、服装，汇报 2.师生问好 3.宣布上课内容 4.安排见习生	♀ ★ 学生认真听教师口令，明确教学内容及目标	中

续表

教学过程	时间	教学内容	组织教法	运动量
准备部分	15分钟	二、热身活动 游戏：报数抱团 三、徒手操 1.头上绕球 2.腰围绕球 3.指拨球 4.左右手抛接球 5.膝下8字绕环 6.弓步压腿	1.学生围圈跑动，教师喊数，就近的同学按照教师口令数字相互抱团，落单的同学给出相应的惩罚 ♀ ★ （前排侧平举、后排前平举成体操队形散开） 学生认真做球操	中
基本部分	20分钟	一、基本内容： （一）了解原地运球动作方法 高（低）运球动作要领： 两脚前后开立，脚尖朝前，两腿微（弯）曲，上体稍前倾，目平视；五指自然分开，手心空出，用手指和指根部位控球；肘关节自然弯曲，以肘关节为轴，大臂带动小臂上下摆动，拍球的正上部 （二）运球练习 原地高低运球练习 口令：两脚前后站立 屈膝五指张开 大臂带动小臂 上下拍球上部	♀ ♀ ♀ ♀ ♀ ♀ ♀ ♀ ♀ ♀ ♀ ♀ ♀ ♀ ★ ♀ ♀ ♀ ♀ ♀ ♀ ♀ ♀ ♀ ♀ ♀ ♀ ♀ ♀ 1.看教师动作示范 2.集体练习，分组练习，练习时集中注意力，琢磨技术动作，建立正确的动作概念 3.互相观察，纠正，学习 4.教师巡查，纠正错误 5.请学生做示范 6.集体练习，练习时集中注意力，琢磨技术动作，建立正确的动作概念	中

续表

教学过程	时间	教学内容	组织教法	运动量
基本部分	20分钟	（三）看数运球练习 集体练习高低运球，学习在运球情况下，抬头不看球，时刻注意教师手指上的数字变化，教师以手指表示数字的变化，学生快速准确地运球几次 小游戏：运球接力游戏 男女分成四组，有男生有女生，男生胯下8字绕环前进，球不能落地。女生高远球前进，绕过标志杆回来与同学击掌，下一位同学才可以出发	♀ ★ 学生看教师的手指伸出的根数进行运球，是几就运几次球	大
结束部分	5 分钟	1.收回体育器械，学生集合 2.整理放松 3.小结本课 4.宣布课后练习，下课	♀ ★ 放松时，教师语言提示： 1.甩臂、抖腿 2.精神意念放松 组织队形	小
平均心率	130次/分钟		场地器材	篮球场 篮球40个
点评： 以不同姿势的运球技术动作为教学目标，让学生体会篮球运球的特点和难点，以及在篮球运动中的重要作用。通过加强练习，带领学生掌握基本的运动技术，并体会篮球的魅力 点评人：X老师				

第四章

现代体育教学体系设计与质量优化

现代体育教学体系是由教学内容、教学方法、教学模式、教学评价以及教学管理几个方面构成，对现代体育教学体系的设计，几乎决定着现代体育教学活动的全面内容，因此这是一项十分重要的工作内容。本章将从现代体育教学内容设计与质量优化、现代体育教学方法设计与质量优化、现代体育教学模式设计与质量优化、现代体育教学评价设计与质量优化以及现代体育教学管理设计与质量优化展开详细的分析。

第一节　现代体育教学内容设计与质量优化

现代体育教学内容是现代体育教学的核心部分，对教学内容的设计将直接决定着体育教师的教学质量，以及学生的学习效率等。因此，在进行体育教学内容设计时，应遵循其固有的特征和设计原则，以保证设计的科学性和有效性。

一、现代体育教学内容的设计

（一）现代体育教学内容的概念

现代体育教学内容是应用于体育教学的“体育教材”，它主要围绕着现代体育教学目的和体育教学任务展开，对学生进行理论知识和实践技能的培训，从而令他们掌握各种身体练习、运动技能学习的知识和能力，并且获得较好的身体素质水平，养成坚持运动的健康生活习惯，这些都是现代体育教学的内容。

体育教学内容在设计上应遵循一定的原则和程序，在当前现有的体育知识技能的基础上，选择最有利于学生身心发展的内容作为教学的主要内容。同时，体育教学内容的设计还应同时考虑教师和学生两方面的因素，体育教学内容是联结教师与学生的主要桥梁，是构建师生关系、联结生生关系的重要纽带，对学生的全面成长发挥着重要的作用。

体育教学内容主要具有以下两个特点。

（1）有别于一般的教学内容

由于体育教学与其他教学本身存在着明显的差别，因此在教学内容的选择和加工方面，也存在着明显的不同。首先，体育教学不仅要根据教学目标和教学任务来选择，而且同时还需要从学校的体育教学条件出发，选择与当前师资力量相符的教学内容。也就是说，体育教学内容在一定程度上，受到硬件条件的制约。

其他学科的教学内容更强调学生对理论知识的掌握，而体育教学则主要针对发展学生的身体素质和运动技能为主要目标，具体的如发展学生的奔跑、跳跃、投掷等基本运动技能，以及提高学生的心肺系统、循环系统、代谢系统等身体机能，并在此基础上，培养学生自发地热爱体育运动 ，从而养成终身进行体育锻炼的健康生活习惯。这些都是体育教学内容要实现的目标，总之，体育教学内容能够从多方面参与塑造学生的身心发展，丰富学生的生活内容，这与其他一般教学内容有着明显的区别。

（2）有别于竞技体育运动内容

体育教学内容是针对所有学龄的青少年及儿童发展其体育知识和技能的教学活动，它有别于专业的竞技运动员的体育训练，且两者的目标、形式和结果都完全不同。竞技体育训练是针对具有特殊体育才能的少数人才而设计的，其训练和教学内容具有较强的专业性、实验性和私密性，其目的是培养一流的竞技运动员，以及参加各类高水平的体育竞赛、并获得优异成绩。这是国家体育事业发展的一部分，具有重要的社会价值和政治意义。

而学校的体育教学内容则主要选择具有普遍性、通识性的体育内容，它是针对绝大多数青少年儿童的体育知识技能的普及教育，以发展和提高我国国民的身体素质为主要目标，以丰富广大学生群体的生活内容和娱乐休闲水平为次要目标。因此，在内容选择上更加系统和全面，它面对的是高水平运动员之外的大众，因此其难度和复杂度都远远低于竞技体育的训练内容。

（二）现代体育教学内容的设置与选择

现代体育教学内容以理论知识和实践活动为主要构成形式。其中，体育理论知识包括体育学、运动学、营养学、运动心理学以及各个专项运动的相关理论知识等。对于这些理论知识的教授，主要融入实践活动中，以现场教学的形式进行。最主要的部分是体育实践活动教学内容，在实践活动教学中，又由以下几种运动形式构成。

1.田径项目

田径运动就是从人类的走步、奔跑、跳跃、投掷等日常生活和工作中的基本活动形式发展而来的，因此，田径教学内容是体育教学的基础 ，是发展其他运动的先决条件，如果学生不具备最基本的运动素质能力，那么发展其他项目的运动也不会有理想的效果，需要从身体的基本素质能力开始练起。

田径运动教学的内容，就是以发展人体的走步、奔跑、跳跃、投掷等能力为主要内容，通过不同的教学内容，有针对性地将学生的运动潜能和运动天赋调动起来，并给予科学的引导。在田径教学活动中，还会涉及训练学生意志品质的内容，因为绝大多数的田径训练都是挑战学生现有身体素质，都要求学生走出舒适区，挑战各种身体极限，在这一过程中，需要学生努力克服生理和心理的障碍才能完成。在一次次的训练和学习中，有效地促进了学生的身心健康发展，并为参加其他运动项目的学习和训练做好准备。

总体来看，对田径教学内容的选择和实施，应具有全局视角，从发展学生的精神文明、心理素质、身体素质和运动素质等几个方面综合考虑，从而有效地提升体育教学组织的质量。

2.球类项目

足球、篮球、排球、乒乓球、羽毛球、网球等常见球类项目，都是现代体育教学的内容。球类运动总是充满变化，极具运动情趣，这与学生好奇心旺盛、活泼好动又争强好胜的性格特征正好相符，因此，球类运动一直都是学校体育教学的重点内容，也是最受学生群体喜欢的体育学习内容。

以足球、篮球、排球为例，这些项目都是竞技性极强的集体对抗性运动，因此在体育教学中具有多重教育意义。

首先，集体项目的教学有助于发展学生的团队协作意识和奉献精神，培养他们的集体荣誉感，能够促进学生从他人视角思考问题，从而拓宽视野，有利于身心的健康成长。

其次，竞技性极强的运动，都需要经过长期的刻苦训练才能掌握，一旦学生发展出参与这些运动的激情，就会自觉地开展学习和训练，这样有助于他们养成较强的目标感和自律性，而且通过不断克服各种挑战，还能培养出较好的自我效能感和自信心。

最后，这些球类运动对抗激烈，对学生的智能水平也具有非常好的锻炼效果，只有具有较高智商和情商的学生，才能真正熟练地运用各种技、战术，在训练和比赛中有优异的表现。因此，以上球类运动对发展学生的智能也具有明显的促进作用。

另外，网球、羽毛球和乒乓球等以单打和双打为主要形式的球类运动，具有极高的专业技术，需要学生投入大量的训练才能获得较好的运动表现，但是由于其主要以单双打的形式练习，而且对训练的场地要求也宽松，因此，非常便于日常训练和娱乐，以上这几种球类运动成为大多数人的休闲运动的首选，这对培养学生的运动意识和习惯也具有明显的优势。

总之，球类运动本身具有丰富的教学内容，而且在学生群体中的接受程度较高，通过科学组织和设计其教学内容，将对我国现代体育教学发挥出深远的影响。

3.操类项目

现代体育教学中的操类运动包含传统的体操项目，以及健美操、瑜伽、普拉提、民族舞蹈等。操类运动由于对塑造人体的形体美、体态美具有明显效果，因此尤其受到女同学的喜爱。无论哪种形式的操类运动，都会对人体产生全面的提升作用，尤其对身体的柔韧、灵敏、平衡、力量等素质作用明显。经常进行操类运动，能够发展学生养成自律、坚持不懈的优秀品质，对塑造学生的外在美具有持续的作用。因此，现代体育教学中，操类内容一直都是其中一项重要的组成部分，并且发挥着不可替代的作用。

对操类内容的设计应遵循学生的身体发展规律，尤其是根据人体的柔韧以及耐力发展的规律，在学生恰当的年龄，选择恰当的教学内容，将对学生一生的身体素质发展发挥积极作用。

4.游泳项目

游泳项目也是现代体育教学中一个特殊的组成部分。首先，由于水的压力和浮力的作用，人体在运动中很少有运动损伤的潜在危险。

其次，由于游泳教学是在水中进行，因而受到学生们的广泛喜爱，在学习和训练中会投入较高的热情，这会给教学带来一定助益。

最后，游泳运动是一项可以终身进行的运动，因此，一旦学生学会游泳技能，养成运动兴趣，将为他们开展终身体育运动创造条件。

总之，游泳项目是现代体育教学内容中不可或缺的部分，是所有学生都应掌握的一项运动技能。在进行体育教学设计时，应重点选择一两个泳姿进行教学，这对促进学生全身肌群的发展，以及心肺和新陈代谢功能都具有积极影响。

5.传统体育项目

近年来，国家对传承和发展中华传统体育文化非常重视，尤其是一些具有民族特色的传统体育项目，如武术、太极拳等传统体育项目。在现代体育教学内容设计中，增加我国传统体育运动项目，将对学生产生重要的影响。一方面，更加丰富的体育教学内容能够加强学生的身体素质发展，给学生更多的选择，也有利于体育教学活动的开展；另一方面，传统体育项目与西方竞技体育项目形成强烈的文化互补性，两类运动背后的文化，形成鲜明的对比。西方竞技体育项目追求不断突破自我，追求更高、更快、更强的拼搏精神，而中国传统体育则提倡天人合一、阴阳平衡的文化价值观，它倡导的是人与自然万物的和谐相处，以无为胜有为的哲学思想。在这两种不同文化的滋养下，能够极大地丰富学生的价值观和世界观，有助于学生从小具有多元的文化视野，养成辩证思考的习惯和能力，这对促进学生的全面成长具有决定性的影响。

总之，在当前时代背景下，我国正在努力从大国走向强国，这非常需要提高全民的民族凝聚力和自豪感，通过增加传统体育教学内容，可以巧妙地实现这一目标，因此对整个国家和社会的发展都具有重要意义。

二、现代体育教学内容的质量优化

现代体育教学具有极强的时代性特征，它与社会的发展进程息息相关。

因此，对体育教学内容的质量优化，应从时代的发展趋势着眼，以符合国家的长期发展战略为核心依据，对体育教学内容做出合理的选择和科学组织，以为现代体育教学的持续发展提供应有的价值。具体地，对提升体育教学质量和加强优化的方法主要有如下几方面。

（一）筛选法

筛选法是依据一个较高的标准，将现有的众多体育教学内容进行重新选择，将过时的、不符合当前社会发展需要的以及价值观落后的教学内容进行删减，只保留最优质的、具有经典教学价值的部分，这是优化体育教学内容的第一步工作，也是非常重要的一步。时代在发展，社会在进步，只有不断地去芜存菁才能保证体育教学内容的质量，这是对体育教学内容进行优化的最基本的方法。

内容的筛选，通常要经过如下几个步骤。

1.对当前的体育教学内容进行整理分类

筛选的第一步，是将现有的所有体育教学内容进行整理和分类，按照不同的类别，这样对现有体育教学内容的范围和各种类别所占的比例有了基本的概念，这是进行筛选的前提条件。

2.制订筛选标准

筛选的第二步，是明确筛选标准。按照国家最新的体育教育指导思想，以及本校体育教研室根据实际情况对本校体育教学目标的规划，制订出明确的筛选标准。制订教学内容筛选标准是筛选法的核心环节，每个学校的标准也会各有不同，这是因为每个学校在进行教学内容筛选的时候，都要结合自身体育教学设施环境以及体育教师资历水平等客观条件进行综合考虑，这是科学制订标准的必然要求。只有制订出一套符合学校实际水平的、切实可行的教学内容标准，才能真正落实优化体育教学质量这一目标。

3.落实筛选工作

接下来是落实具体的筛选工作。根据具有本校特殊性的体育教学内容筛选标准，应发动全校体育教研室以及所有体育教师和部分学生代表参与，严谨高效地确定体育教学内容。

（二）改造法

改造法是指，一些现有的体育教学内容整体上符合教学的标准，但是其中某个部分存在一定的不足，并影响了该教学内容的质量，或者制约着该教学内容的发挥。但是如果删减掉该内容，又会损失掉其中非常优秀或者十分必要的内容，因此，在这种情况下，就可以采取改造法对体育教学内容进行再加工和再创造，最终使之成为符合最新标准、具有优越的教学价值的体育教学内容。具体地，对体育教学内容的改造步骤如下。

1.深入了解学校条件和学生学情

对现有体育教学内容的改造，必然建立在对学校各方面教学条件的了解之上，比如学校是否有运动场馆，是否有完备的运动设施，场馆和设施是先进还是陈旧，学校体育教师的经验背景、年龄结构等，都是需要深入了解的情况。另外，对本校学生的年龄、身心发育特点、体育兴趣、生活经验等也应该做出详细的调研。这些都是改造教学内容的必要条件。

2.分析体育教学内容的构成要素

对体育教学内容的改造，需要首先明确其构成要素，通过对各要素的分析，能够对教学内容的组成和结构有更加明确的认识，从而对不合理或者不够好的结构进行调整。

总之，深入分析教学内容的构成要素，是完成教学内容改造的基础工作。

3.对体育教学内容进行重构或修改

将不合理的结构或者落后的要素进行重构和改写，完成教学内容的改造。这一过程需要反复地进行，因为重构或者修改属于较为复杂的工作，很难一步到位，需要不断地调试，最终才能确定最佳的方案。并且，在重构或修改后，还要经过真实的教学实践进行检验、评价和再修改、再检验，最终确定一个应用性极佳的教学内容。

（三）整合法

整合法是指，在进行教学内容质量优化的过程中，如果发现一些具有内容雷同或者有部分内容叠加的不同教学内容，可根据实际情况，进行整合处理，以保证教学内容的足够精练，这是对现有教学内容做出优化的常见方法。在体育教学内容的质量优化实践中，这种方法的实施步骤主要如下。

1.确定整合目标

对不同的教学内容进行整合，首先需要确定整合目标，因为原有的内容都具有其相应的教学目标，如果进行整合，是否会影响其原有教学目标的实现是需要重点考虑的问题。因此，整合教学内容的同时，还涉及整合教学目标的情况。并且，需要先确定整合目标，后续再开展整合内容的工作。在内容整合时，为了提升教学的效果，应适当地增加内容的趣味性，以便吸引学生的注意力和学习热情。

2.确定整合方式

对教学内容的整合，就是对体育教学内容中不同要素进行重新组织和安排，选择合适的组织方式，对内容的整合有多种方式可选择。不同的方式有不同的特点，适合不同的教学情况，因此，应根据需整合的内容确定整合方式，以便让整合工作更加顺畅。常用的内容整合方式有取舍、融合、顺序变换等。

3.完成整合工作

在进行内容整合时，不仅要对教学内容的结构进行整合，有时一些具体的内容要先作调整，才能更好地与其他内容相衔接。因此，在整合之前，如有需要，还要对教学内容中的要素进行适当的修改。

4.检验与修改

完成整合工作后，要进行最后的检验和修改。

（四）拓展法

1.分析教学内容的性质和特点

首先在拓展之前，需要对即将拓展的内容进行结构和要素的分析，以及分析相应的性质和特点等，全面了解这些内容的优势和不足，是进行拓展的前提。

2.研判可拓展的空间

并不是所有的内容都具有可拓展性，或者拓展后能获得更好的效果，因此，还需要对教学内容进行拓展空间的研判。以此为基础，对于具有较大拓展空间的教学内容，再进一步分析其有待拓展的具体方向是什么，然后设计相应的拓展内容、功能等。

3.善于利用现有的周边资源

在进行拓展时，还应考虑现有的各个方面的资源情况，尽量充分利用现有的环境、社会、设施等体育资源，发挥出应有的价值，从而让各种潜在的资源为体育教学赋能，同时提高资源的利用率。

第二节　现代体育教学方法设计与质量优化

现代体育教学方法受到科技进步的显著影响，体育教学方法的先进与否，与社会经济发展程度具有必然的关系。就我国目前的发展状态来看，我国的科技实力特别是互联网基础设施与技术的发展在世界都处于领先水平，这一切都为我们的体育教学带来了发展的机遇。在进行体育教学方法设计时，应主动利用当前的科学技术优势，对我国的体育教学水平进行优化提升，从而将我国的体育教育事业推向新的高度。

一、现代体育教学方法的设计

（一）现代体育教学方法的概念

关于现代体育教学方法，目前国内外的教育专家和学者还存在分歧，并没有达成共识，但是，经过总结不同专家的观点，可以概括出以下几点对体育教学方法具有一定代表性的认识。

（1）体育教学方法是体育教学系统的重要组成部分，是体育教学质量的重要保障。

（2）体育教学方法服务于体育教学目标和任务，是决定体育教学质量的重要因素。

（3）体育教学方法是联结师生的桥梁，是形成有效互动的重要因素。

（4）体育教学方法具有其自身独有的特性，具有较大的发挥空间，不同的体育教师会形成不同的风格。

综上所述，体育教学方法就是指为实现体育教学目的而采用的各种手段、方式、措施和途径等的总和。

（二）现代体育教学方法的分类

体育教学是以实践活动为主要形式的，是师生之间通过一定的教学方法进行双边互动活动，从而完成体育教学目标和体育教学任务。因此，体育教学方法可以分为教法和学法两类。

1.教法

（1）基本知识的教法

体育基本知识包括各个运动项目的基本理论知识，以及会涉及的生理学、心理学、营养学、保健学、康复学等方面的基本知识。

基本知识的教法，是借助有效的方法将以上理论知识教授给学生，让他们能够基本理解和掌握，以便日后在体育实践教学中应用。

（2）运动技能的教法

运动技能的教法是指帮助学生理解运动技能的概念、结构，并能够独立完成相应的技术动作的方法，这是体育教学中最重要的方法，是指导学生掌握体育运动技能的直接手段。

在现代体育教学方法设计中，应该从基本知识教法和运动技能教法两个方面进行。具体需要注意以下几点：

①从学校的教学实际出发，教学方法应该与学校现有的体育基础设施相匹配，只有适合的方法才是最好的方法。

②从学生现实水平出发，体育教学方法的实施以指导学生掌握相应的运动知识和技能为主要目的，只有这样才能真正地完成教学目标，提高体育教学活动的质量和效率。

③从教师的实际水平出发，体育教师是体育教学活动的直接执行者，但是在我国不同地区，体育教师的专业水平和教学业务能力存在较大的差异。如果体育教学方法过于超前，对于年龄较大、基础素质较低的体育教师而言将无从下手，因此，应考虑体育教师个人素质情况而设计教学方法。

体育教学方法非常多，只有从学校、学生和教师的实际情况出发，灵活选择体育教学方法，才是真正符合当前体育教学现状的、最合适的体育教学方法。

2.学法

学生的学法也是体育教学中的重要内容。以往，人们更多的是强调教师的教法，认为只要教法正确、合理，就能够获得最佳教学效果。然而，随着教育研究的不断深入，人们发现学生的学习方法同样重要。教师是体育知识和技能的输出端，而学生是输入端。只有当两个端口同时畅通无阻的时候，体育教学活动才能达到最理想的状态。然而，作为体育知识和技能输入端的学生，其学习体育知识和技能的方法又可分为学法和练法两种情况。

（1）学法

学生的学习方法就是学法，它是学生掌握体育知识和技能的桥梁，同样的教法、不同的学法，可能会出现截然不同的结果。因此，在进行体育教学方法设计时，还要对应地研究学生的学习方法，教师的教法要尽量照顾到学生的学习能力和认知水平，同时还应该有针对性地辅导学生掌握更加高效的学习方法。

（2）练法

对运动技术的学习效果在很大程度上依赖于学生的练习。练法就是将教师讲解的内容和经自己理解、记忆转化为意识的部分，再通过亲身体会动作的过程，包括体会动作的特点、重点和难点，最终实现掌握技术动作的目的。在教师的指导下，学生通过模仿和自己主动思考进行各种体育动作的练习，这就是练法。

在进行体育教学方法设计的时候，体育教师和体育研究专家应把学生的学法和练法也考虑在内，并在教学的同时，系统地、有步骤地指导学生掌握更加有效的学法和练法，这在提升学生学习效果的同时，也有利于培养学生的体育兴趣，对培养终身体育意识具有积极作用。

（三）常见体育教学方法

1.讲解法

讲解法是指教师使用各种符合学生认知与接受能力的语言，对体育知识与技术方法进行讲解，使学生能够理解和记住体育技术的动作要领、要求，通过教师的指导，学生能够顺利地掌握体育知识与技术。采用讲解法进行体育教学，要注意以下几点。

（1）选择简洁、形象、生动的语言进行讲解。

（2）讲解应富有启发性，可适当结合提问的方式，启发学生积极主动地思考与回答。

2.示范法

示范法是指教师准确示范体育技术方法和动作过程，让学生对体育技术能够有直观的、形象的了解和掌握。教师在采用示范法时应注意以下几点。

（1）每次示范应有明确的、具体的目的。为便于学生理解与接受，教师的每一次示范动作最好只有一个目的，并且通过放慢速度的方式进行示范，让学生能够清晰地看到动作过程和动作要点，方便他们掌握和记忆。

（2）选择正确的示范面。常用的示范有镜面示范、侧面示范和背面示范。教师在进行示范时，应根据动作的便捷观察角度合理选用示范面。简单的动作可以采用镜面示范；如需改变方向或是路线，则采用背面示范，便于模仿学习；如需让学生看清动作的细节，可以采用侧面示范。各种示范面也可以结合使用，根据实际情况灵活安排。

3.练习法

在教师讲解和示范后，要让学生进行模仿和练习。在教师的指导下，学生通过模仿和自己主动思考，进行各种体育动作的练习。练习法主要是让学生亲身体会动作的过程，通过身体力行，逐渐掌握体育技能。

4.游戏创设法

体育游戏将游戏和体育教学融合起来，突出学生学习的主体性和发展的综合性，需要在教师的有效干预下实施。创设体育游戏要求将其与体育教育融为一体，使体育教学目标在体育游戏过程中得以实现。创设的游戏要能够使学生在良好的情境中学习，成功调动学生的参与积极性。学生身心发展规律、体育运动水平以及体育教学训练原理等是创设体育教学游戏应遵循的理论依据。

在体育游戏的运用与实施中，整个过程离不开教师的有效干预。教师的干预必须是有效的，也就是通过干预要能够对学生的学习起到积极的作用，而不是一味惩罚违背游戏规则的学生或批评没有完成游戏任务的学生。游戏教学法的运用具体包括创编游戏、选用游戏、干预控制游戏过程以及评价游戏实施效果等。

5.情境教学法

情境教学法指的是教师在教学过程中有目的地引入或创设生动形象的、具有一定情绪色彩的具体场景，引起学生的态度体验，从而帮助学生理解教材，促进学生心理机能发展的教学方法。将情境教学法引入体育教学中，应该营造生动有趣的教学环境，使学生的娱乐需求、运动需求、交往需求、体验需求、安全需求、被理解和认可的需求等多方面的需求得到满足。

在体育教学中采用情境教学法，还需要使用一些新颖有趣的教学道具来激发学生的学习热情，同时要保证教学情境的丰富性、适宜性，要能够将学生的学习动机成功激发出来。

此外，在运用情境教学法时，教师不仅需要对物质环境、情境内容进行有效设计，同时还需要通过行为、态度及情感等的积极引导，使学生沉浸在一个半想象、半真实的虚拟场景中，并能够全情地投入学习，达到“共情”的效果。

6.启发式教学法

传统体育教学中，教师采用的教学方法具有较强的指令性，教学方式以命令学生执行某个规定为主，教师在课堂上有绝对的支配权，这严重限制了学生主体性、能动性和个性的发挥，也不利于调动学生学习的积极性，对学生的长远发展是不利的。此外，教师控制课堂也忽视了与学生的互动，不利于形成良好的教学氛围。

而现代体育教学，则非常强调提高学生主动参与教学的积极性，在体育课程教学中应将一部分控制权交给学生，以启发式教学为主，体育教师主要是利用学生的体育基础知识、基础技能及其他相关知识等个人经验，选择学生身边发生的事例引导他们主动思考、实践，并有所领会和感悟，这对学生掌握体育知识和技能是有积极作用的。

在体育教学中采用启发式教学法，教师要适当提一些问题，以开放性问题为主，体现出问题的预设性和描述性，提问要有依据，要系统一些，便于学生独立生成信息，使学生能够在问题面前主动思考、判断和做出回答。启发式教学法的应用形式多种多样，包括直观启发、比喻启发、对比启发等，在教学中要灵活应用不同形式的启发方式，引导学生积极思考，提高学习效果。

7.合作教学法

很多体育项目都是以团队合作的形式进行的，因此在体育教学中，不仅要采用启发式教学法培养学生的积极主动性和思考能力，还要采取合作教学法对学生的团队精神、合作能力及社会适应能力进行培养。采用合作教学法的理论依据主要是素质教育理论和合作教学理论，合作教学中不仅要强调学生与学生之间的合作，还要注重师生之间的合作和教师与教师之间的合作，营造良好的课堂氛围，具体采用学习小组的教学组织方式，在教学评价中不仅要评价个人表现和成绩，还要评价小组成绩，具体采用的教学手段要有助于促进学生良好心理品质的形成和合作能力的提升，增强学生的社会适应性。

在合作教学过程中，要合理分配学习小组，各小组分工明确，每个学生要清楚自己的角色，小组成员之间相互合作，取长补短，发挥团体的力量来提升团队成绩。

8.多媒体教学法

当代社会，多媒体教学法已经渗透在教育的各个领域，其中也包括各级各类学校的体育教学领域。面向对多媒体技术感兴趣的学生进行体育教学，采用多媒体教学方法是非常可行的。多媒体教学法具有丰富的视听素材，可以帮助学生更快、更准确地理解教学内容，教师可以采用直观的多媒体教学手段更加生动地传授体育技术方法与实践经验，这非常符合学生的认知水平和兴趣爱好。青少年学生的思维是形象的、跳跃的，他们更适合接受直观、形象的信息传授方式，因而采用多媒体教学法能够使学生很快地进入学习状态。

在多媒体设备的辅助下，教师可以将单调、难以用语言生动表达的教学内容转化为学生喜欢的动画形式，在声音、画面全面环绕的情境下，学生可以更好地集中注意力去掌握体育技术动作。

9.分层教学法

采用分层教学法时，重点是对学生进行科学分组，并分别制定详细的教学目标，主要依据体育教学内容以及学生的学习能力来制定目标，然后在目标的引领下对各小组学生进行个别化的指导。在分层教学过程中，教师要正确看待不同学生的差异性，平等对待每个学生，对层次较低的组别要多一些耐心去指导，对学生多加鼓励，激励他们进步。

需要注意的是，学生的能力水平随着不断的学习会发生变化，因此在分层教学中，经过一段时期的教学后，教师要对学生进行考核，然后根据考核结果重新分层，从而保证因材施教。

（四）不同阶段体育教学方法的设计与应用

在体育教学中，尤其是体育技术教学中，学生运动技能的形成过程主要经历三个阶段，分别是认知掌握阶段、联结提高阶段以及自动化阶段。在运动技能形成的不同阶段采用的教学方法应当有所区别，具体要结合各阶段的教学需要、教学目标以及学生的实际情况灵活选用恰当的教学方法，以促进学生循序渐进地熟练掌握体育技术，达到自动化水平，切实提升学生的体育技能水平。

1.认知掌握阶段的教学方法

在体育技能教学的认知掌握阶段，学生的身体活动并不多，主要是运用大脑思维掌握运动知识，这个阶段学生以观察教师的示范和听教师的讲解为主，所以主要使用视听觉进行学习，通过观察和听讲对动作技能的基本结构、特征等外在信息加以获取，但接收信息不是很准确，注意范围比较窄且不易集中。掌握基本外在信息后，学生练习时身体动作比较僵硬，肌肉不能收缩自如，所以影响了动作的准确性。而且学生在体育技能学习的初始阶段心理较为紧张，因此严重制约了对动作的准确掌握，影响了学习能力。学生对自己的错误动作不自知，自主性差，对正确动作不敏感，只是比较浅显地知道动作的基本结构，了解简单的动作环节，根据初始印象来进行简单练习。

以上是学生在认知掌握阶段的主要学习特点，根据上述分析，建议该阶段选择的教学方法是讲授法和演示法。

（1）讲授法

不管在什么学科的教学方法体系中，讲授法都处于核心地位，采用讲授法可以对大量丰富的知识进行传授。教师采用讲授法，用简单易懂的语言向学生传递主要教学内容信息，包括体育运动技能的基本知识、结构、特征、注意事项等。学生听讲后，大脑中会形成关于体育技能的一个基本构架，然后在之后的练习中不断补充与完善该构架。另外，教师也可采用讲授法向学生提出问题，使学生自主思考，激发学生的探索兴趣。

（2）演示法

体育教学是以身体活动为主的教学活动，因此只讲授是无法使学生真正掌握体育运动技能的，在讲授的基础上还要采用演示法，也就是直观的示范方法。教师通过正确的动作演示，使学生观察、感知，自主参与，积极练习，并摸索技巧，以提高学习效率。教师通过示范所要达到的目的是使学生对正确的体育技术动作有清晰的认识与直观的把握，从而能够进行正确的练习。为了达到这个目的，教师应该将讲授法和演示法结合起来使用，演示的过程中讲解重点动作阶段和动作细节，这样学生会产生更深刻的印象。在学生基本掌握某一体育动作技能后，教师也可以故意示范错误动作，看学生通过观察能否迅速发现错误。

2.联结提高阶段的教学方法

联结提高阶段是学生学习与掌握体育运动技能的第二个阶段，该阶段学生基本熟练了所学技能，可以大致完成动作，而且在完成过程中不会有明显的迟疑或拖沓。此外，这一阶段学生也基本理解了体育运动技能的相关理论知识。这一阶段体育教学要遵循精讲多练的教学原则，学生不断重复练习和教师不断强调正确的动作方法及重难点非常重要。学生只要不断练习，肌肉记忆才会越来越深刻。学生在这一阶段的学习主要还是依赖视觉与听觉，同时也依赖运动感知觉，学生接收信息的效率提升，而且能够整合运动技能的相关外在信息或内在信息，可以集中注意力处理信息。此时学生在练习时肢体不再那么僵硬，肌肉有控制地收缩，动作基本准确，出错减少。不仅如此，这一阶段学生的心理素质也提升了，紧张情绪减少，更加自信、从容。

学生在体育运动技能形成的第二阶段经过不断的练习，其技能动作基本完整，对错误动作有所感知，并能在自主判断和思考后改进动作。学生在大量反复练习中将一个个单独的动作环节连接成完整的动作，以完整练习为主。但在练习中偶尔还是有错误的动作，或者是不必要的动作，学生认识到动作准确与连贯协调的重要性，因此会自觉改正错误。而且学生在这一阶段的学练中已经不满足于只接收与处理语言信息了，同时通过肌肉的分析判断而获得更深刻的体验与感受。从这一阶段学生的学习特征和学习需要出发，适合采用的教学方法是掌握动作技能法及练习法。

（1）掌握动作技能法

这是一类宏观的教学方法，包括多种具体的教学方式，如讲解与示范、预防与纠正等，采用这一练习方法时要注意结合学生在运动技能形成的第二阶段的学习特征进行灵活教学，遵循运动技能形成的规律，注重对体育技术动作细节的解剖与提示，示范过程中提出明确的要求，使学生按要求规范练习，提高动作质量。由于该阶段学生在练习中还是会出现一些错误，因此有必要将预防与纠正错误教学法运用到该阶段的教学中。教师须总结学生的常见问题及产生原因，使学生在练习时有意识地避免出现同样的错误，从而起到预防的作用。采用掌握动作技能教学法要注意因人而异，分析学生的个体差异，适当改变这些教学方法的运用方式，以适应不同个体的特征，满足不同学生的需要。

（2）练习法

这一阶段适合采用的练习法是分解和完整练习以及重复练习。通过分解练习，掌握每个动作环节和细节，熟练各个部分的动作后，将它们串联起来完整演示，并反复练习，这样既能起到对教学过程的简化作用，又能使学生对体育技术动作细节有更清晰和熟练的掌握。需要注意的是，分解练习时间不宜过长，长期进行分解练习容易使学生把握不住完整动作的节奏，而且也会影响整个动作的完成速度，影响动作的连贯性与整体性，因此要特别重视从分解练习向完整练习的过渡。重复练习也是重复进行完整练习，以加深肌肉记忆，提高动作的熟练度。

3. 自动化阶段的教学方法

（1）比赛法和游戏法

在运动技能形成的最后一个阶段，学生基本能自动化地完成体育技术动作，这一阶段适合采用比赛教学法和游戏教学法。教师要创建良好的比赛环境，提出严格的比赛规则和统一的比赛要求，使学生在比赛中完成较大强度的练习。比赛教学法有很强的操作性，学生在比赛中能够将个人主体性充分发挥出来，并展示自己的技能，将自己的风格发挥得淋漓尽致，同时也能使自己的技术特征、团队协作能力得到进一步的强化。

游戏教学法相对轻松一些，有些青少年学生好胜心强，在比赛中如果没有取得好成绩就会失落，失去自信，甚至失去学习的兴趣与动力，可见比赛给这些学生带来了很大的心理压力，而轻松愉悦的游戏法作为一种常见的趣味性教学方法，能够被学生普遍接受。

总体来说，采用比赛法和游戏法的目的相同，都是使学生对体育课产生浓厚的兴趣，提升学生参与的积极性，培养学生的团体精神，并巩固与强化其所掌握的体育运动技能。

（2）培养思想道德、发展个性的方法

比赛教学法与游戏教学法有助于培养学生的团队合作精神和持之以恒的毅力，最终能够促进学生思想道德素质的提升。但是采用比赛法或游戏法也可能产生不好的结果，如学生因表现不好而懊恼、自责，或埋怨同伴，或失去信心，在同场对抗性体育比赛中也可能因为相互碰撞而产生摩擦，导致学生关系紧张，面对这些情况，教师不仅要及时解决矛盾，处理问题，还要借机让学生明白团结协作的重要性，使学生了解比赛难免会失败，要以正确的态度面对失败，同时要让学生认识到良好的道德素质在比赛中的重要性，注重提升学生的道德品质。

随着体育教学的深入改革，对学生的全面发展提出了新的要求，在体育教学中不仅要关注学生的身心健康和运动技能水平，还要关注其情绪、情感，发挥体育教学的情感功能，培养学生良好的道德素质，健全学生的人格，使学生树立正确的价值观。这些需要体育教师在教学中加以重视。

在发展个性方面，体育教师应分析学生的不同个性特征，客观看待学生的个体差异，从不同学生的个性特征出发而因材施教，尊重学生的个性，鼓励每个学生发挥自己的特长，真正贯彻“以人为本”“个性化教学”的教学理念，为学生的全面发展打好基础。

二、现代体育教学方法的质量优化

（一）树立创新的意识与观念

体育教学方法直接决定着体育教学活动的开展情况，只有不断创新，才能保证体育教学方法符合时代发展的需要。因此，体育教师拥有创新意识和观念是优化体育教学方法的前提。

体育教师在进行教学方法设计和优化时，要时刻提醒自己以学生为中心展开教学设计、安排教学环节、选择与实施教学内容，同时还要以学生的个性特征、身体条件和学习需求为依据优化教学方法，从而提升教学质量。

此外，体育教师还要不断提升自身的业务能力和综合素质，积极参加各种本专业的培训，并将所学转化为教学实践的技能，以及学会利用创新的科技手段改造或设计体育教学方法，并勇于开拓思路，大胆借鉴可利用的教学资源、教学环境以及教学条件，为不断创新做出最大的努力。

（二）从教学实际扩展教学方法

体育教学方法的创新不是从零开始，更多的时候，它是在对当前教学方法的扩展和优化的前提下进行的。体育教师在教学第一线，直接参与体育教学活动，因此他们拥有十分宝贵的教学现场的资料。通过对这些现场资料的整理和理解，能够明确地指出实际教学中存在的问题，以及最需要改进的地方。这就是进行教学方法优化和改良的最佳机会。通过对教学实际的深入研究，体育教师可以从实际出发对教学方法进行有针对性的扩展，这也是优化教学方法的有效方式。

需要注意的是，在扩展教学方法时，还要综合考虑各种可利用资源以及制约的条件，经过合理规划、统筹安排，最终设计出真实有效、切实可行的教学方法。

（三）运用新的科学技术设计教学方法

现代体育教学方法的设计和创新，必然离不开最新的科学技术的支持，科技是推动社会进步的最大动力源泉，体育教师为了符合现代社会发展的需要，必须积极主动地借鉴最新的科学技术，并努力将其运用到日常的体育教学活动中。

实际上，科技推动体育运动的发展是普遍存在的事实，那么在体育教学领域，也应该广泛地引用当前最先进的科学技术来提高和优化体育教学方法的质量。比如当前的多媒体技术、直播教学形式，都能很好地应用于传统的体育教学活动中，使教师的教学和学生的学练实现突破式的提升。

（四）将翻转课堂引入体育教学

近年来，体育教学中有许多新兴授课方式逐渐流行起来，线上课程开发模式——翻转课堂就是其中之一。翻转课堂指的是学生在网络教学平台上自主观看教学视频，然后教师指导学生在课堂上自我讲解，组织学生之间相互讨论，从而进一步巩固所学技术的教学方式。采用翻转课堂教学形式，充分体现了体育教学的个性化与人性化，体现了人文性与工具性的统一，有助于“健康第一”教学指导思想的充分落实。

翻转课堂教学法可以运用在体育教学的很多方面。无论是一些常见运动项目的经典技术动作的教学，还是一些体育理论知识的教学，都可采用翻转课堂的形式。比如，教师先布置学习的主题，然后先让学生利用网络资源自主学习，然后在课堂上设计简单的比赛，让学生们通过以赛代练的方式直接将自己自学的内容转化为运动实践。在这一过程中，教师会适时地提出一些问题，引发学生的思考，这是启发式教学的最佳例证。学生们通过自行学习和亲身感受比赛中自身运动能力的不足，可以快速地对该项运动产生深刻的理解，并对自身的不足有明确的认识，从而为接下来的学习指明方向。翻转课堂有助于学生对技术细节的完整掌握，增强学生的团体意识与合作能力，激发学生的学习兴趣与积极性，提高教学效率。

第三节　现代体育教学模式设计与质量优化

体育教学模式是体育教学活动中一种隐性的存在，但是却发挥着不可忽视的作用。现代体育教学活动中，教学模式从结构上推动着体育教学向着更加先进和高效的方向发展。因此，对体育教学模式质量的优化具有重要的实践意义。

一、体育教学模式的设计

（一）现代体育教学模式的概念

教学模式是指反映特定教学理论逻辑轮廓，为实现某种教学任务的相对稳定而具体的教学活动结构。

体育教学模式是在体育教学思想或教学理论指导下，按照体育认知规律和技能形成规律的要求，在体育教学环境下为提高体育教学效率而建立起来的较为稳定的、多维指向的体育教学实践系统。[①]

① 邵伟德.体育教学模式论[M].北京：北京体育大学出版社，2005.

（二）现代体育教学模式的构建

1.模式设计的构想

为提高我国校园体育后备人才培养质量，我国应以“体”“教”两个系统为主导、以政府政策为保障、以社会参与为辅助来构建校园体育后备人才培养体系。从根本上来说，让体育回归教育是培养体育后备人才的最终目标。有关学者对我国体育后备人才培养现状进行了细致的调查与全面的分析，并受到了国外体育后备人才培养的启发，从而提出了校园体育后备人才培养的新模式。

2.培养模式的实施

这一教学模式主要从两方面运行，一是纵向培养，二是横向培养。

（1）纵向培养

纵向培养就是分别以体育系统和教育系统为主导，按照各自的人才培养路线进行培育，两个系统之间的培养模式相对独立，不会有太多交集与合作。

（2）横向培养

从横向看，还是以纵向的小学、中学、大学为主的培养方式为依据。这其中的每个节点都非常重要，相互之间都会产生影响，所以必须将这些节点衔接起来，不要厚此薄彼，从而使体育后备人才的输送工作更顺利地开展，减少人才流失。

二、现代体育教学模式的质量优化

（一）主体性原则

现阶段，传统体育教学模式在我国体育教学中依然占有较大的比重，这在某种程度上制约了我国体育教学事业的快速发展。因此，加快对体育教学模式的改革与优化，无论是对学生的身心成长，还是对我国整体的体育教育规划，都具有重要的现实意义。

加强对体育教学模式的改革与创新，必须以学生的身心实际为出发点进行有目的、有针对性的改革，以增强学生的学习兴趣和学习体验为创新动力，充分体现出学生的主体地位，并在新的体育教学模式实施中不断完善和优化，从而促进我国现代体育教学模式实施质量的提升。

（二）兴趣原则

体育教学是引导学生系统地进行一系列体育运动的过程，其中有相当一部分是以身体实践来完成的。对于很多复杂或具有一定难度的体育技能，如果没有一定的兴趣，学生将很难坚持下来，或者很难把动作做好。因此，在设计体育教学模式时，遵循兴趣引导原则就显得十分必要。

在贯彻兴趣原则的过程中，首先需要注意的是，开始时要适当降低技术动作的难度，循序渐进地由简单到复杂直到达到教学标准的要求。其次，教师在设计教学模式时，要对所教授学生进行细致的调查，深入了解他们的兴趣，然后再有针对性地设计新颖有趣的教学模式。最后，教师的教学风格也是吸引学生对体育课产生兴趣的一个重要因素，因此体育教师自身要具有丰富的文化修养和生活阅历，而且具有较好的幽默感，进而将自身的气质和风格自然而然地带入体育教学中，通过教师自身的魅力，带动学生对体育课产生持久稳定的兴趣。

（三）创新原则

在体育教学模式设计中，创新是无时不在的，教学模式是一种固定的、可以复制的教学规范，便于教师在教学实践中能够有效地控制进程。然而，教学模式也并非要求体育教师完全照搬、不容修改。实际上，体育教学模式是一个框架，在这个大的框架内，体育教师可以根据实际情况进行一些创新性的调整，以便更加有利于教学的开展，或者有利于学生对体育知识和技能的理解和掌握。

简单地说，体育教师可以在教学中对一些教学模式进行灵活的调整，只要能够对教学更加有利，对学生的理解和训练更加有利，就应该得到鼓励。在教学模式的设计中，创新无处不在，这需要体育教师具有非常扎实的专业基础、丰富的教学经验，而且还具有较强的创新能力，这也是今后体育教师发展的方向，因为只有这样才能更好地适应现代体育教学对教师的要求，才能够更有利于现代体育教学活动的开展。

（四）提高师生互动质量

体育教学模式是为教学活动设计出的一个比较有效的模式，但是作为教学过程中的两大主体：教师和学生，他们单方面或者彼此之间的互动，也会对教学活动产生极大的影响。因此，在设计教学模式时，还应该有意识地要求体育教师多增加课堂的有效互动，调动起学生的参与性和学习热情，这是对以往仅注重规范教学活动流程的模式的一种突破，也是提升体育教学质量的有效手段。

第四节　现代体育教学评价设计与质量优化

教学评价是教学活动的重要组成部分，是对前期教学活动的总结和审视，是促进教学质量提升的最有效、最直接的手段。本节将对现代体育教学评价的设计以及质量优化提出一些建议。

一、体育教学评价的设计

（一）体育教学评价的概念

体育教学评价就是对体育教学效果所作出的一个价值认定，这一价值认定过程要有一定的依据，那就是依据教学目标和评价标准进行。一般来说，体育教学评价主要包括教师教学评价与学生学习评价两个部分，这两个部分缺一不可，有效的教学评价对教学效果和教学质量的提升具有直接的指导意义。

（二）体育教学评价的方法

1.定量评价和定性评价

（1）定量评价

定量评价是指对评价资料作出定量结论的评价，主要是从“量”的角度来分析相关资料和数据，从而得出相应的结论。这一评价具有很强的客观性，能得出比较真实的结果。

（2）定性评价

定性评价主要是对评价项目的优劣程度或指标体系中项目要求的程度进行表述的标准。这一评价主要是从“质”的方面来评价体育教学效果，对于评价者的综合素质有着较高的要求。

2.过程评价和结果评价

（1）过程评价

过程评价是指在体育教学过程中进行的评价，这一评价方式的适用范围非常广泛，符合现代学校教育的要求，受到体育教师的重视。

（2）结果评价

结果评价是指对体育教学活动实施后的效果评价。这一评价方式属于终结性评价，主要是评价教师的教学情况和学生的学习结果。这一评价较为片面，不能很好地体现体育教师的教学水平和学生的学习水平，要结合过程评价使用。

3.诊断性评价、形成性评价和总结性评价

（1）诊断性评价

诊断性评价是在开展某项体育教学活动之前进行的，以此对学生的学习态度、体育知识、体能与心理、运动水平等进行摸底测试，从而确定学生综合水平的评价方式，这一评价方式具有很强的针对性和时效性。通过这一评价，学生能很好地了解和把握自己的学习情况，从而根据评价反馈信息有针对性地提高自己。

（2）形成性评价

形成性评价是指为获得良好的体育教学质量而不断进行的评价。这一种教学评价方式能为体育教师提供客观的事实依据，帮助体育教师及时调整教学计划，促进教学质量的提高。

（3）总结性评价

总结性评价是指对体育教学活动的总结和评价。这一评价类型比较重视教师“教”与学生“学”的结果，与结果评价具有共同的特点，评价的结果较为片面，要与诊断性评价和形成性评价结合起来使用。

4.自身评价、相对评价和绝对评价

（1）自身评价

自身评价是指评价者对自身各方面能力做出的评价。只有教师与学生自身才能了解自身的具体情况，通过这一评价，评价者能更加清晰地认识到自己的不足，从而在今后加以改进和完善。

（2）相对评价

相对评价是指在被评价对象的集合或群体中建立一定的基准，进而将各个对象与基准进行逐一比较，以对群体中每一名成员的相对优劣进行对比的评价。

这一评价方式具有明显的优点和缺点。优点在于甄别性强，适用面广；缺点在于评价结果欠缺客观性，对评价者的素质有着较高的要求，实施起来比较困难。

（3）绝对评价

绝对评价是指以体育教学的目标为主要依据，对体育教学设计方案、教和学的成果等进行的评价。这一评价方式同样具有一定的优点和缺点。优点是评价标准较为客观，学生能得出较为真实的反馈信息；缺点则是对评价者的自身素质要求较高，操作起来具有一定的难度。

综上所述，伴随着学校体育教育的不断发展，体育教学评价的类型也在不断丰富和完善，目前来看主要有以上几种评价类型。但需要注意的是，无论如何发展，都没有一种万能的评价方式，需要将各种评价方式和手段结合起来使用，这样才能获得较为理想的评价结果。

（三）体育课堂教学评价设计

体育课堂教学是体育教学的重要组织形式，也是体育教学的主体内容，在设计体育课堂教学评价中，应注意从以下几方面进行。

1.体育课堂教学内容的评价

（1）对教学内容绩效性的评价（评价教师）。

（2）对学习绩效性的评价（评价学生）。

2.体育课堂教学组织的评价

（1）准备阶段的组织评价。

（2）基本阶段的组织评价。

（3）结束阶段的组织评价。

3.体育课堂教学负荷的评价

（1）学生身体负荷的评价。

（2）学生心理负荷的评价。

体育课教学质量评价量表见表4-1。

表4-1　体育课教学质量评价量表[①]

评价指标		评价内容	评价等级				加权系数（100）	加权分
			优 1.0	良 0.8	中 0.6	差 0.4		
教学准备（15%）	课前准备	提前15分钟到教学场地 器械已准备好 场地布局合理 环境美观					5	
	教案编写	书写工整规范 明确了教学目的任务 与学生实际相符 合理编排内容、方法、程序、时间					10	
教学过程（55%）	教学组织	合理设计教学组织 合理设计学习组织					15	
	教学方法	合理运用教学方法 与教学需要相符 与学习需要相符					15	
	练习密度	练习密度与课的性质相符 练习密度与学习结构特点相符 练习密度与教学组织特点相符					10	
	生理负荷	生理负荷与课的性质相符 生理负荷与学习结构特点相符 生理负荷与教学组织特点相符					6	
	心理负荷	心理负荷与课的性质相符 心理负荷与学习结构特点相符 心理负荷与教学组织特点相符					5	
	教学创新						4	

① 李启迪，邵伟德.体育教学基本理论研究[M].北京：北京师范大学出版社，2014.

续表

评价指标		评价内容	评价等级				加权系数（100）	加权分
			优 1.0	良 0.8	中 0.6	差 0.4		
教学效果（30%）	技能掌握	新授技术完成率≥75% 复习技术完成率≥85%					12	
	健身意识	学生主动参与锻炼					10	
	思想教育	在教学中实施思想品德教育					8	

二、现代体育教学评价的质量优化

（一）将评价贯穿于教学始终

常见的教学评价方式有诊断性评价、形成性评价和总结性评价三种。其中，总结性评价在学校体育教学中运用最多，主要表现为期末考核评价。受竞技体育的影响，体育期末考核评价的内容和方式相对单一，与当前的体育教学改革不匹配。因而，改革期末评价的内容、形式等势在必行。

检验是总结性评价最主要的作用，能够从整体上评价整个教学过程，全面系统地评价教师的教学活动和学生的学习情况。对教师而言，让学生在期末考核评价中获得好成绩是教学目标；对学生而言，在期末考试中获得好成绩是学习目标，所以说期末评价对师生而言都有激励作用。学校可将期末考核内容、形式以及标准公布到校园网站或其他教学媒体上，让学生明确努力的方向和目标。

（二）评价指标要突出多样化

学生学习体育课程的动机主要体现在锻炼身体、娱乐放松、结交朋友等方面，在体育教学中，要综合考虑学生的这些需要与动机，而不能像在竞技体育时代那样只重视技术的教学。因此，体育教学的目标定位主要表现为增强学生体质、提高学生学习兴趣、使学生身心放松、促进学生之间的相互交流、培养学生的终身体育意识等。这些目标是否实现，实现程度如何，要通过评价来衡量，这就对评价系统提出了相应的要求。

在体育教学评价中，教师应从健身、娱乐、交际、培养终身体育意识等教学目标出发来设计体育课的评价指标，力求指标多样化，在评价中及时发现问题，解决问题，提高成绩。体育教学评价内容应有趣味性，技术评价指标应丰富一些，充分调动学生的积极性，对学生的体育技术、体育素质进行全面测定。这个设计值得在其他体育项目的教学评价中推广。

（三）更新考试形式

1.教考相对分离

教考分离是教学与考评的分离，这是体育教学考核的一种新形式，通过平行班级的交换考试或邀请其他班级的体育教师参与考评过程进行。教考的相对分离能够有效解决教师在定性测定中无法客观评定学生的问题，从而更加客观地评价学生的学习，这样也能够使学生更重视体育课程考评。

2.多种评价相结合

（1）自我评价

很多体育教师对学生的了解都不是很全面，而学生对自己的了解一般都比教师了解得多。学生之间在个体表现上具有差异性，学生通过自我评价，能够更全面地了解自己，并能引导教师在评价过程中有指向性地判断学生的优缺点，从而更加客观全面地评价学生。

（2）个体纵向评价

学生通过学习体育课程，对体育理论知识和技战术的掌握情况与进步程度如何，可通过个体纵向评价来进行检验。学生的体质、性格、运动基础都有一定的差异，这在体育教学中主要表现为身体素质的差异、体育技战术水平的差异以及接受能力的差异等，而且达到专业化的竞技水平并不是体育教学的主要目标，如果采用笼统的方式对学生进行考评，难免会使部分学生学习的积极性受到影响。因此，在学生学习成绩评定中，将学生的进步程度作为一项指标，能够更好地激励学生主动学习，满足对学生学习效果进行客观公正评价的需要。

（3）交互评价

交互评价能够增强学生之间的互动，使学生发现自己的优点与不足，从而改正缺点，发挥优势，完善自己。一般从以下几个阶段来进行交互评价。

第一，学期开始前进行一次评价。

第二，学期中进行2~3次评价。

第三，期末作终结性评价。

第五节　现代体育教学管理设计与质量优化

一、现代体育课堂教学管理设计

现代体育教学实际上分为课堂教学和课外教学两部分，对课堂教学的管理是保证学生体育学习质量和效果的重要手段。如果能够有效强化对体育课堂活动的管理，那么在很大程度上就已经决定了体育教学的质量。

体育课堂管理一般包括课前管理、课上管理和课后管理三个部分。

（一）课前管理

课前管理主要是指教师的备课管理。备课是教学活动的准备，是教学实践的具体依据，因此非常重要，会影响到体育教学的进程，教师备课的质量和规范性是保证教学实效的前提。

与此同时，在现代体育教学理念下，课前管理还包括体育教师在备课的同时，还需要给所有学生布置主题，并要求学生自主探索和学习，为新课的学习做好准备。这也就意味着，体育教学不再只有教师讲课、学生听课的单一模式，有时候需要发挥学生的自主性和主动性，从而获得更好的教学效果。

体育教师的备课原则与要求具体表现为：准确、真实、详尽。布置学生主题学习任务的要求具体表现为：主题明确、单一，便于学生理解以及付诸实施。

（二）课上管理

体育教师的课上管理就是实施教学方案的过程。简单地可以归纳为两方面，一方面是营造轻松融洽的课堂氛围，另一方面是把握教学内容和教学进度，让学生充分融入课堂互动，并培养他们的主动性和创造性，以及对体育运动的兴趣。

（三）课后管理

体育教学的课后管理分为两部分：一部分是总结本次课的学习重点，以及对学生们的课堂表现给出积极的点评，如有不足的地方，应该及时指出，并给出改进的意见。另一部分是对下节课的简单介绍，并给学生布置新的自主学习的主题，从而有针对性地为下一次课做好准备。

二、现代课外体育活动管理设计

（一）一般课外体育活动管理

1.群体性课外体育活动的组织和管理

学生集体参与的课外体育活动应由学校有关部门统一组织与管理，有关部门应定期组织开展丰富多彩的校园体育活动，吸引学生的积极参与，丰富学生的课余生活，同时也使学生在参与课外体育活动的过程中巩固运动技能，提高健康水平。通过组织课外体育活动，应使学生发现自己感兴趣的运动项目，并找到适合自己的锻炼方法，使其将参与体育活动作为良好的习惯保持下去，为终身体育锻炼奠定基础。

对群体性课外体育活动的管理要充分发挥学校有关部门及组织的重要作用，集中多方面力量促进课外体育活动的顺利开展，提高课外体育活动的开展质量和学生的参与效果。

（1）纳入学校体育工作计划

群体性的学校课外体育活动应受到学校领导的重视，要将此纳入学校体育工作年度计划中，根据学生的需要和体质情况出台具有可行性的组织实施方案，做好周全的计划，采取有力的措施来落实计划。

（2）有关部门加强指导

在群体性课外体育活动的组织管理中，学校体育教学部应发挥专业优势，利用专业资源提供指导，并具体执行课外体育活动组织实施计划。在计划实行中要制订详细工作方案，并在指导、管理上明确责任，提高指导与管理的效率及效果，保证计划与方案顺利实施。

（3）各院系发挥作用

学校一年一度的运动会是非常盛大的体育活动，各院系的学生都可以报名参加，各院系有关部门要鼓励学生踊跃报名，选拔优秀的选手代表院系参赛，为院系争得荣誉，并在参赛过程中传播本院系的文化，加强其他院系学生对本院系的了解。

（4）学校体育协会发挥作用

学校体育协会是以学生为主的群众性组织，协会组织开展的课外体育活动备受关注。协会中的体育积极生或尖子生在课外体育活动的组织开展方面总是积极、热情的，他们的参与度很高，而且影响力大，能吸引与带动周围学生参与课外体育活动。学校体育协会在传播体育知识、体育文化方面发挥着重要作用，协会成员参与丰富多彩的体育活动，也会在学校组织的课外体育活动中承担重要工作，发挥自己的组织管理能力，呈现自己的技能水平，展现自己的闪光点，以榜样的身份积极影响广大学生参与课外体育活动。

（5）学生工作处提供协助

学生工作处的工作都与学生息息相关，课外体育活动是面向广大学生组织开展的，因此学生工作处应主动提供协助与配合，为学校体育工作的顺利开展贡献自己的一分力量。

（6）学生会积极参与

学生会体育部在组织群体性课外体育活动方面应发挥重要作用，将此作为自己的本职工作，体育部的骨干或管理人员尤其要发挥领导作用，发挥聪明才智，争取将课外体育活动办好。学生会体育部在自主策划课外体育活动计划时，应主动向其他组织寻求支持或帮助，如体育教学部的技术支持、学生处的人力支持、财务部的资金支持，等等。如果是由体育教学部策划课外体育活动，则学生会也应主动提供帮助，并参与活动筹备、活动实施以及活动后期总结等各环节的工作，全面参与整个过程，提高课外体育活动的举办质量。

2.早操、课间操的管理

为了增强学生体质，培养学生良好的运动习惯，使学生劳逸结合，提高学习效率，有关部门明确出台了关于组织早操和课间操活动的相关规定，早操与课间操也成为学校的一大传统。早操与课间操是最常见的课外体育活动形式，也是课外体育活动管理的重要内容，学校要加强这方面的管理，提高学生做早操与课间操的积极性，避免这两项课外体育活动的开展只是流于表面形式。

学生做早操不仅能锻炼身体，还能唤醒大脑，为学习文化课做准备。在上午上课的中间时段安排课间操，可以使学生缓解大脑疲劳，调整状态，保持头脑清醒，上好第三、四节课。

（1）管理方式

体育教师和学校管理人员应共同管理学生的早操与课间操活动，但要以一方为主，另一方为辅，具体视实际情况而定。如果学生的宿舍较为分散，不是集中住在一个区域，那么在早操的管理中，管理者就要发挥主要作用，体育教师辅助管理；如果学生的宿舍较为集中，那么在早操管理方面体育教师应发挥主要作用，学校管理人员辅助管理。课间操管理中一般由体育教师发挥主要作用，学校管理人员也要参与督导。

（2）提高活动效率

①班主任督促、检查

在早操与课间操管理中，不管是以学校管理人员为主，还是以体育教师为主，班主任都不能完全不参与管理，班主任在学生群体中有很高的权威性，所以要多督促学生自觉做操，并检查学生的参与情况。

②培养学生的好习惯

如果学生晚上入睡时间太晚，第二天早上就会赖床，做不到按时起床，耽误做早操时间，所以必须严格出台作息规定，培养学生良好的作息习惯。班主任或宿管人员要做好这方面的检查。只有作息规律，睡眠时间充足，学生做操时才会积极参与，充分活动身体。

③建立健全督查制度

学校早操与课间操活动的缺勤率比较高，学生经常以各种缘由请假，针对这种情况，应建立督查制度，制定激励与奖赏、批评与惩罚的机制，奖惩分明，提高参与率。

（二）课外体育训练管理

1.业余体育训练管理

（1）学校业余体育训练管理情况

学校业余体育训练是学生在课余时间进行运动训练，教练员给予指导，促进学生身心健康和运动成绩提高的教育过程。在学校体育运动训练中，业余训练是非常重要的组成部分，是运动训练的初级形式。业余训练有利于丰富学生课余生活，在学校普及体育运动，对优秀的体育后备人才进行培养，促进后备人才运动技术水平的提高。对学校业余体育训练体系加以构建，加强这方面的管理，既是体育竞争发展的需要，也是学校体育发展的需要，同时也是培养优秀后备人才和提升学生体质健康水平的需要。

学校业余体育训练具有基础性和业余性。业余训练中以基础训练为主，因为从学生的生理特征来看还不适合过早进行专业训练，这也是遵循运动训练规律的要求。通过基础训练，锻炼身体素质，打好技术基础，为专项训练与提高做准备。学生在体育课上主要是完成学习任务，在课余时间才能进行训练，这是学校业余体育训练业余性特征的表现。在学校业余体育训练组织与管理中，要处理好学生文化学习和运动训练的关系，保证体育训练不影响文化课学习，但也不能只重视文化课学习而不允许学生参与训练，要同时兼顾，权衡关系，均衡发展。

目前，我国初步构建了学校业余体育训练体系，参与业余体育训练的学生不断增加，业余训练点的数量也有所增加。但学校体育训练和文化教育之间的矛盾至今未得到彻底解决，二者发展的不均衡问题依然存在，这从学校业余体育训练的发展与管理现状中也能体现出来，如管理不严、缺乏成熟的管理机制、管理手段落后，影响了训练规模的扩大和训练水平的提高。此外，学校业余体育训练既不像文化教育那样受重视，也不像高水平运动队的专业训练那样受重视，所以管理上比较敷衍，这直接制约了学校体育的发展。

（2）学校课余体育训练管理的内容

依据科学管理理论来管理学校业余体育训练，科学组织学校业余体育训练，合理安排训练时间、训练计划、训练负荷，从学生的身体发育情况出发对适宜的训练方法进行设计与运用。

在学校业余体育训练管理中，具体涉及以下几方面的管理内容。

①组织管理

要顺利开展学校业余体育训练活动，首先要加强组织管理，提供组织保证，在管理中要确定训练内容，并对运动员加以选拔，完成业余学校运动队的组建。

②计划管理

根据实际情况制订多年、年度、阶段、周、课时等不同类型业余体育训练的训练计划，有了合理的训练计划，才能按照计划安排具体的训练工作，并在最后依据计划对训练效果进行检验。

③教练员管理

组建优秀的教练员队伍，对其进行专业培训，使其学习并掌握现代运动训练的理论知识，对业余体育训练方法与手段能够灵活运用，积累丰富的训练经验，用先进的训练理论指导训练实践。在训练中发挥主导性，做好对训练效果的考核工作。在教练员管理中，除了进行专业业务能力的管理外，还要关心教练员的工作环境、薪资待遇、进修机会，使教练员能够全身心投入对学生的训练指导中。

④运动员管理

作为学校业余体育训练的主体，学生又多了一个运动员的角色，要重视对运动员的培养与管理，包括思想道德管理、文化学习管理、训练管理，提高学生运动员的思想道德水平，使其训练态度积极端正，训练意识提升，养成良好的训练习惯，并能正确处理文化学习与训练的关系，主动找老师或同学补落下的功课。在运动员管理中，还要加强饮食管理，营养均衡。另外，安全管理也非常重要，要时刻注意运动员在训练中的安全，预防过度疲劳和运动伤病。

⑤训练质量管理

开展学校业余体育训练，要明确质量要求，确定训练任务与目标，加强质量管理，正确实施训练内容，选择严密的训练组织方式，采用丰富得当的训练方法，合理安排训练过程，安排适宜的运动负荷，实施个性化训练，并将思想教育融入训练中，加强对训练中突发事件的紧急处理，这样能够大大提高学校业余体育训练的质量。

⑥竞赛管理

体育训练与体育比赛之间有着非常密切的关系，进行体育训练是为了取得良好的比赛成绩，比赛是对训练效果进行检验的重要手段，二者不可分割。因此在学校业余体育训练管理中，对竞赛的管理也很重要，要将竞赛管理纳入训练管理体系中，重视对训练效果的检验，通过竞赛发现训练中的问题，了解运动员的训练水平，并制订新的训练计划或调整原有训练计划，为取得更好的比赛成绩而不断努力。

⑦科研管理

随着学校体育的不断发展，迫切需要有科学成熟的理论为学校体育训练工作的高效开展提供理论依据，提高训练的科学化水平，因此科研管理十分重要，在科学研究中对学校体育训练的规律进行探索，对学生业余训练的新方法、新形式进行探究，在科学理论与方法的基础上建立学校业余体育训练体系，提高训练效果。

2.高水平运动队训练管理

高水平运动队是高校的一个特殊群体，高水平运动员在高校很受重视，高校有关部门关心这一群体的成长、训练与比赛，重视对他们的日常管理、训练管理和比赛管理，为他们发展成为优秀的运动人才而保驾护航，使其专心训练和比赛，为学校争光，为国家争光。

对高校高水平运动队训练进行管理，主要应从以下几个方面展开。

（1）挑选优秀教练

在高水平运动队训练管理中，第一责任人当之无愧是教练员，教练员与运动员接触时间长，对运动员比较了解，所以在管理上更得心应手一些。所以说，教练员要主动承担起管理运动队的责任，教练员对运动队的管理直接影响运动队的训练和比赛成绩，影响运动队的长远发展，因此挑选专业的、优秀的、业务能力强且擅长管理的教练员很重要。在挑选教练员时，要考察教练员是否有强烈的责任心、良好的敬业精神、娴熟的业务能力以及良好的管理能力等，责任心、敬业、业务好、擅长管理都是对教练员的基本要求。此外，教练员的执教经验、带动参赛经验也很重要，基于这些考虑，在学院派教练和竞技派教练中适合选择后者来负责高校高水平运动队训练的管理工作。

（2）纪律管理

在高水平运动队的日常训练中，必须加强纪律管理，提出严明的纪律要求。因此不管是运动员一个人完成训练任务还是整个团队协作配合完成训练计划，都需要付出时间和努力，所以运动员要有很强的时间观念，也要有集体意识，在训练课上集中注意力进行训练，严格遵守队伍纪律。无规矩不成方圆，如果没有纪律，团队就会变成一盘散沙，教练员难以管理，最终影响训练效果。每个运动员都有责任为创建良好的训练环境而努力。

（3）制订训练计划

训练计划包括长期训练计划、中期训练计划以及短期训练计划三种类型，也可以分为集体训练计划和个人训练计划。不管制订哪种训练计划，都要考虑计划的科学性、可行性，要从实战出发提出严格的训练要求。在训练计划中，训练内容的选择和确定是非常重要的一环，所选内容要为实现训练目标而服务。制订训练计划要注意以下几个方面。

第一，兼顾身体素质训练内容与运动技术训练内容。

第二，合理安排运动量和运动强度。

第三，合理安排集体练习、个人练习和小组练习。

第四，注意技战术练习的整合。

第五，以赛代练，赛练结合。

第六，选择丰富的训练手段，设计趣味性训练方式，缓解训练疲劳。

第七，计划中要有紧急处理运动损伤的内容，保障运动员的安全。

（4）因材施教

每个运动员都有自己的特色、风格，都有自己擅长的技术和不擅长的技术，在高水平运动队训练中要遵循因材施教的原则，因人施训，从不同运动员的个人情况出发制订相应的训练计划，将集体训练和个人训练结合起来，并根据每个运动员的特长出台战术配合方案，充分发挥每个运动员的特长，提高整体作战能力。如果教练员不了解每个队员的技术特长，在训练中搞“一刀切”，不仅不利于运动员个人的成长与发展，而且也会影响集体训练效果。脱离实际的训练与管理都是无效的。

（5）把握好取胜手段

竞技体育发展到今天，竞争越来越激烈，对抗性越来越强，竞技比赛形势越来越严峻，对此，运动员必须把握好取胜手段才能在赛场上灵活应对，稳定发挥，取得好成绩。对运动员来说，身体素质强、心理素质好、协作能力强、参赛经验丰富等都是取胜的重要保障，因此在日常训练中要加强身心素质训练，重视团队协作，积极参与比赛，积累丰富的经验。

（三）学校体育竞赛管理

1.学校体育竞赛的管理机构

教育部是学生课余体育竞赛的主管部门，教育部学生体育协会是课余体育竞赛的授权管理单位，国家体育总局及其下属各个项目协会是课余体育竞赛的业务指导部门，共青团中央是课余体育竞赛的业务指导部门。[①]

学校体育竞赛管理机构如图4-1所示。

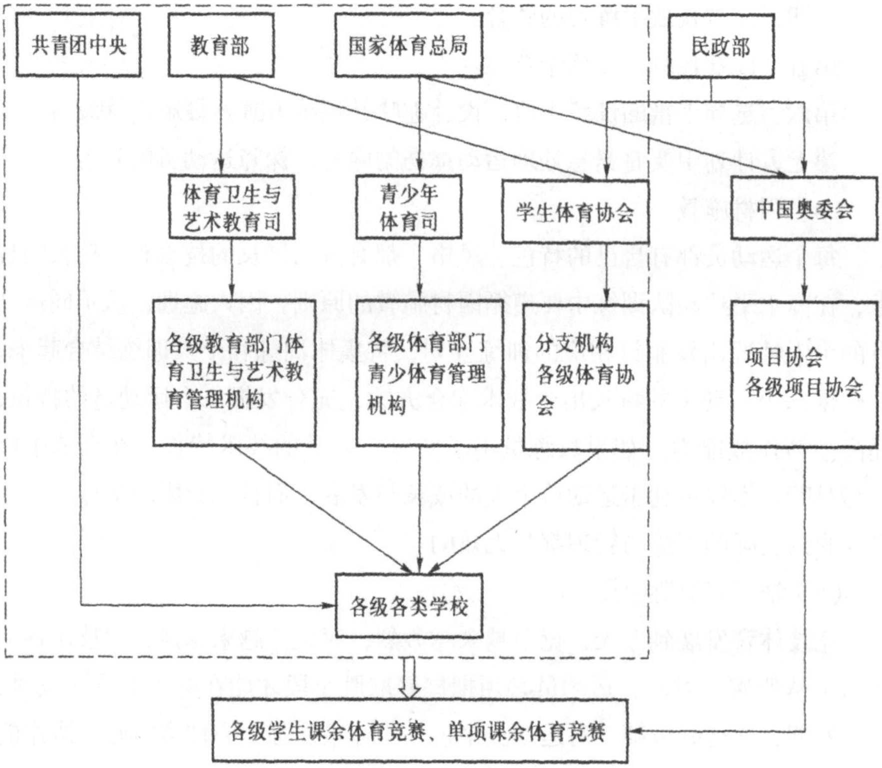

图4-1　学校体育竞赛管理机构[②]

2.学校体育竞赛智能化管理系统

在信息技术时代，现代计算机技术在学校教育中发挥着越来越重要的作用，计算机在学校体育训练和竞赛领域的运用也愈发普遍，将信息技术管理手段引入学校体育赛事管理中，可大大提高管理效率。当前，传统纯粹的人

① 张瑞林.学校体育管理学[M].北京：高等教育出版社，2014.

② 张瑞林.学校体育管理学[M].北京：高等教育出版社，2014.

工管理方式已经不能满足信息时代体育管理的需求了，利用计算机技术开发现代化管理系统并进行网络管理已成为必然趋势，借助计算机手段构建的体育赛事管理系统应具有实用性、高效性，应发挥计算机网络智能化分析数据与全方位管理的优势，提高管理效率。

依托计算机技术而建立的学校体育竞赛管理系统分为三个部分，包括赛前准备阶段、比赛阶段和赛后处理阶段。这种设计理念对提高赛事管理效率、满足赛事相关人员的需求，以及使相关人员获得良好的参与体验具有重要意义。

在学校体育竞赛智能化管理系统中，一般由专门的系统管理员发布比赛相关通知与信息，运动队按要求完成线上报名，管理员根据报名者数量和报名的项目确定比赛组织方式、项目安排以及其他规则，确定赛程后设计赛程表，发布秩序册。在比赛中及时更新赛程变化和相关比赛信息，对各个项目及运动员的比赛成绩要及时公布，为运动员和其他管理人员查询提供方便。

（1）赛前管理

①系统配置。基础参数配置由管理员完成，在此基础上完成数据初始化。

②报到注册端。对代表队的报名信息进行查看，删除不符合条件或没有按时报到的报名选手，如果选手不够，可继续补报，必要时也可以根据实际选手人数对选手的组别进行修改。

③项目管理。根据实际情况和需要查看或修改、增加或删减比赛项目，然后将整理后的结果导入 excel，以表格的形式呈现出来。

④新闻管理。管理员在系统平台上传比赛相关文件，如秩序册、比赛成绩表、注意事项等。所有人员都可以下载这些文件，但对于一些有保密性的文件，需要设置权限，获得许可才能下载。

⑤网上报名。选手都是以代表队为单位报名。

⑥赛程表。系统根据比赛场地、参赛人数等重要赛事信息，自动生成比赛场次，可直接导入excel 表，为方便赛事工作的开展提供便利。

⑦裁判管理。裁判管理模块的功能包括下列几项。

第一：根据赛事需要添加新的裁判员。

第二：修改裁判信息。

第三：对裁判进行赛组分配。

第四：下载裁判表。

赛前工作流程是智能化的准备过程，与传统的赛前准备工作有一定的差别。传统体育赛事管理系统中赛前准备阶段的工作相对较为复杂，涉及部门及人员众多，工作量大，需要投入较多的资源才能顺利开展工作。而智能化的赛前准备工作相对简单一些，操作方便，不需要投入大量的人力、物力以及财力资源，但是对信息化技术的要求较高，要求管理员熟练掌握相关技术，在自动化管理系统中灵活操作，提高管理效率。

（2）赛中管理

①赛场检录端。该端口的功能如下。

第一，删除已明确提出弃权的参赛者。

第二，对赛场外检录大屏进行控制，大屏前台显示选手参赛信息（参赛项目、是否完成比赛、成绩、排名以及未参加的比赛）。

②成绩录入端。裁判在该端口录入选手成绩，并保存提交。

③赛事显示端。为了让赛事工作人员及观众了解比赛进程，可将每场比赛中参赛选手的相关信息显示在场内大屏幕上，信息是实时的，要及时更新。

④证书打印端。赛奖项的配置与生成是该端口的主要功能，在页面上可以打印证书。

⑤观众端。观众端面向 APP 端，观众可在线查看比赛结果，可以为喜爱的选手投票，也可以将自己想说的话或对比赛的建议写在留言板中。

⑥总指挥端。工作人员在查询界面分类查询比赛场次、代表队、裁判等各方面的有关信息。

（3）赛后管理

①成绩公告。核查数据库中录入的成绩，汇总后导出。管理员在网上发布成绩，代表队可查看和下载。

②数据导出。根据比赛场次显示运动员信息，包括所在代表队、衣服号码、比赛成绩等，对于破纪录的选手，汇总所破纪录项目的成绩数据，最后导入excel 表，成绩的变化一目了然。

三、现代体育教学管理的质量优化

对现代体育教学管理质量的优化主要可从以下两个方面着手进行。

（一）建立有效的督导制度

督导指的是学校管理部门对学校体育教学工作的监督与管理。由学校管理部门对教学管理制度予以制定，体育教学部执行制度，展开严格的教学管理，提升体育教学部的工作质量，提高体育教学水平。对督导制度的制定必须规范，并不断健全与完善，为体育教学管理提供重要的依据与制度武器。

学校管理部门对体育教学工作的督导主要有两种执行模式，一种是定期或不定期检查，将督导工作提升到制度层面，形成惯例；另一种是“蹲点”，对体育教学的整个过程或体育教学问题发生的来龙去脉进行了解，基于对现实情况的把握而采取有效的方式解决体育教学的问题，促进体育教学系统的高效运作，提高体育教学的质量。

（二）加强学生纪律的管理

在体育教学中，要加强对学生的纪律管理，这样才能从基础层面保障体育教学的效果，严格的体育纪律管理从如下几方面进行。

（1）严格要求学生的基本言行规范。

（2）维护课堂秩序。

（3）培养学生干部，发挥学生干部的作用。

（4）明确课外体育活动的纪律要求，对学生在课外体育活动中投入的时间要清楚了解，以及如果参加校内外的体育竞赛活动，都要提前向班主任和体育教师备案，以保证不影响整体教学安排和学生的人身安全。

第五章

现代体育教学质量提升的有效路径探索

现代体育教学和以往相比，已经发生了非常多的变化，而且教学实质也发生了根本性的改变。但是，教育是一条永无止境的探索之路，现代体育教育质量的提升，需要持续地研究并敢于突破传统的束缚。本章将从加强体育教学硬件设施的建设、提高体育教师业务能力、实施体育教学质量监控以及推动校园体育文化建设几个方面展开阐述。

第一节　加强体育教学硬件设施建设

现代体育教学的改进实际上离不开先进的教学手段以及优越的硬件设施所带来的优势条件。就校园的硬件设施而言，在现代体育教学中，它扮演着举足轻重的角色，甚至发挥着促进体育教学改革的基础性作用。体育教学离不开教学设施的支持，因此硬件设施建设将在现代体育教学中起到决定性的作用。

一、保证经费的稳定投入

经费是决定硬件设施建设的关键性因素，包括硬件设施的数量、质量、周期以及日常维护，因此，要保证校园体育教学的硬件建设，首先是保证经费能够稳定地投入，从而令体育教学设施能够满足现代体育教学发展的需要。

体育馆、体育场以及游泳馆的建设需要大量的资金，而普通体育硬件设施如单双杠、吊环、篮球架、乒乓球台等，相对而言则需要花费的经费较少，是大多数地区的学校都可以实现的。那么在这一前提下，每个学校都可根据自身的经济条件进行合理规划，在现有经费水平下，应优先保证力所能及的硬件设施的实现，以满足对体育教学质量的提升。

二、提高现有设施利用率

在努力更新体育教学硬件设施的同时，对现有设施的有效利用也是一个重要的方面。因为新设施的增建总归占整体体育教学设施的一小部分，而更多的还是以现有的设施设备为主。因此，加强体育教学硬件设施的建设，还应包含对现有设施的有效利用、日常维护、加强保养与系统性升级等工作。体育设施与器材都属于高耗损的范畴，并且体育教学每日都在进行，这就使硬件设施的维护和保养具有一定的难度。为了让这些设施能够更长久、稳定地提供服务，需要投入专门人力、物力进行管理。

对学校体育设施的另一有效利用，是适当地向社会开放一些场馆等设施。在全民健身的背景下，我国国民对体育的热情逐渐高涨，但是由于体育硬件设施的稀缺性，仅靠城市公共体育设施和社区的部分健身器材，无法满足城乡居民的运动需要。因此，有些学校可以在假期适当向公众开放，并收取一定的费用，这样既提高了体育设施的利用率，还为学校增加一部分收入，长久来看，这对维护学校的体育硬件设施是有利的。

第二节　提高体育教师业务能力

提升体育教学质量的另一有效途径，是提升体育教师的业务能力。本节将对如何提升体育教师的教学能力展开分析。

一、体育教师教学技能训练的模式

对体育教师业务能力的训练，一般具有以下几种模式。

（一）探究训练模式

探究式训练，是指首先确定体育教学技能中的某一项技能为提升的主要目标。围绕着这一技能，教师自行展开探究，发现潜在的问题并寻找答案。

在这一过程中，也要和其他教师多交流经验，不断丰富自己的资料库，并探索精进的方式方法，争取不断取得进步。

1.探究训练模式的实施过程

（1）制定训练目标

在确定了具体的探究目标之后，就要制定可行的训练目标。技能的提升，必须通过扎实的训练才能实现，而训练的执行，需要在明确的指导下进行，在训练开始时就要清楚地制定训练目标，在不影响正常教学的基础上，制定详细的训练日程，这样才能有针对性地提升某一专项技能，将训练任务高效完成。

（2）设计训练路径

有些技能需要循序渐进地训练，因此，在采取探究式训练模式进行训练时，要有效地设计训练路径，将训练目标细化为若干更简单的目标，这样将更有利于实现目标。

在设计训练路径时，要先分解再整合，即先将整体训练目标按照降低难度的思路进行逐级分解，再把目标技能分解为几个要素，然后整合这些分解后的要素，并根据不同的要素设计相应训练内容，在整体上形成具有系统性的训练路径。

（3）确定训练方法

训练路径的实施，需要配合合理的训练方法，在确定了训练目标，设计了训练路径之后，选择哪种训练方法是一个需要重点考虑的问题。训练方法的选用，要结合训练目标和教师自身的综合因素一起考虑，一般比较常见的训练方法有自主学习法、探究式学习法、讨论法、小群体学习法等。采用这些方法时，可以单独使用，也可以合并使用，总之，只要能够达成训练目标即可。根据经验总结，如果能采取同行交流、案例解析等方式进行训练，那么效果会更好。

2.探究训练模式的实施要求

（1）积极内化，激发动力

在实施探究训练模式时，最重要的一点就是教师自身的内在动力，比如能够自觉、主动地训练，将教学技能提升作为自己近期内的一个重要努力方向。因此，在遇到一些问题和阻碍时，也能想办法积极克服。总之，探究训练模式在很大程度上需要教师自身具有较强的动机和较好的自律，能够整合各种资源集中用于提升专业技能，促进自身职业素养的不断提升。

（2）充分准备，独立思考

每个技能的训练都有其独有的特点和难点，对应地需要各种准备工作，包括场地设施的准备、时间的准备、个人身体状态的准备等，这些都需要在正式的训练之前一一落实。同时，更重要的是自身的知识水平、认知水平等也要同时提升，因此这些将会对训练的实质产生决定性影响。

（3）不断尝试，顿悟渐悟

探究训练模式的发展是缓慢的，是循序渐进的，是教师个体技能形成的真实发展过程。由于每个人的基础不同、条件不同、资质不同，其成长的路径各不相同。因此，在很大程度上将依赖于教师自身坚持不懈的求索精神。

（二）展演训练模式

1.展演训练模式的实施过程

（1）制订展演方案

应针对展演内容设计出可行的实施方案，展演的目的是促使教师将现有的业务技能、独特的风格，以及表现力和创造力等都充分地发挥出来，这是进一步提升的重要前提。因此，需要认真制订展演方案，为展演做好准备。

（2）确定训练方法

根据要展演的内容以及自身的情况，选择合适的训练方法。

（3）自我实现

展演训练本身也是一种积极的暗示，使受训教师能够充分认识到自身的教学技能和风格，可促进教师提升自信心，从中体会到自我满足感和自我价值感，这对促进教师的职业发展具有重要的意义。通过展演训练，还能够让教师原本具有的隐藏技能得到展示，这对促进教师的全面成长具有积极意义。

体育教师业务技能的提升，必须是建立在对自身职业的热爱的基础之上，如果能从这个角度切入，对教师自身的成长需要进行激发，那么将会起到更好的效果。

2.展演训练模式实施的要求

（1）气氛宽松，张弛有度

在进行展演训练时，还需要营造一个宽松、和谐的氛围，让受训的教师在这个环境中感到舒适和放松，而不是处于紧绷状态，这样有助于教师展演效果的呈现。因此，所有参与的人员要积极营造一个轻松、宽容的氛围，这样才能更好地促进展演教师发挥其所学技能。

（2）彰显个性，全面发展

进行展演训练也是一个让体育教师不断发展自我、彰显个性的过程，在展演的过程中，教师不断摸索教学的风格、形式，不断尝试和寻找更合适的方法，从模仿到创新，从生涩到娴熟，这个过程就是一名体育教师风格形成的过程。通过不断的展演练习，体育教师的教学个性不断得到增强，对其全面的发展也发挥着重要的作用。

（3）加强交流，积极反思

展演训练是帮助教师认识自己、了解自己和展示自己的机会，通过展演训练，能够得到同行和师长的专业评价，这对提高体育教师的教学业务能力是非常重要的。因此，受训教师应积极主动地利用展演训练，加强与同行的交流，积极反思，从而充分发挥和发展自己的体育教学能力。

反思与总结是进步的必要环节，通过展演训练，能够帮助受训教师深刻地审视自己的展演过程，在经验丰富的指导者的帮助下，能够快速成长。因此，大胆参加展演训练是每一个想要快速成长的体育教师应该选择的训练模式。

（三）程序训练模式

1.程序训练模式的实施过程

（1）制定训练目标

程序训练模式就是受训教师按照既定的模式接受训练的过程。首先，需要制定明确合理的训练目标，这是根据受训教师的自身发展需要或者亟须解决的问题而决定的。不同的受训者有不同的训练目标，因此，需要进行个别化的研究和指导，最终确定具有可操作性的、符合实际情况的训练目标。

（2）确定训练手段

根据训练目标，确定最适宜的训练手段。

（3）制定评价标准

制定评价标准时一般从以下几方面着手。

第一，能否有效地组织学生开展各种活动。

第二，能否流利自如地讲解知识和准确连贯地示范动作。

第三，能否流畅自然地完成整堂课。

2.程序训练模式的实施要求

（1）合理编排，循序渐进

程序训练模式具有较强的程序特性，每一个步骤与下一个步骤都有着很强的逻辑关系，两两之间紧密衔接，如果一个环节实施不到位，那么就会影响下一个环节的训练。因此，在实施的过程中，要严格按照科学理论进行，保证难易程度恰当，不同难度的练习之间要合理衔接，按照由简单到复杂的规律逐级提高，并且，还要使不同的学习项目之间具有关联，使其呈现出完整性和系统性。

（2）区别对待，自定进度

程序训练模式的特点是必须按照设定好的程序进行训练，不能随意更改，那样会破坏训练的效果，也失去程序训练的意义。但是，不同的受训者具有不同的特点，在训练中也应尊重个体差异，根据受训教师的接受能力和进步速度进行适度调整，但是调整的范围主要是指训练的难度和强度，对训练内容的逻辑设定不作更改。

（四）情境训练模式

1.情境训练模式的实施过程

（1）设计训练情境

情境训练模式是将受训教师代入一定的情境中，对受训教师加强培训，从而让他们在真实的工作过程中能够自如地应对一些较为复杂的教学问题。

在情境训练模式下，应选择最具代表性的训练情境，并配合最恰当的训练方法，选择贴切的训练内容，从而使受训教师能以最快的速度提升自己某一方面的体育教学技能。

（2）寻找合作伙伴

在情境训练模式下，合作伙伴也是重要的一个因素。因为在情境训练模式的实施过程中，每一个环节都不是受训教师可以独自完成的，而是需要同伴的协助与配合，因此寻找合适的合作伙伴将影响着情境训练的效果。

一般地，在选择合作伙伴时，可以选择与自己相近的伙伴，也可以选择迥然不同的伙伴。受训教师可根据自身的情况，选择适宜的类型。不同的类型组合有不同的侧重点，比如同质型伙伴有助于相互比较、促进，能加强受训者的优势，使之更强；异质型伙伴可以彼此互补，使受训者朝着技能更加全面的反向发展。因此，两种组合将带给受训教师不同的效果，但都是有益的、必要的。

（3）制定评价标准

制定评价标准是训练设计工作的必备环节。通过评价，可以让受训教师通过情境训练更加直观地认识到自己的组织能力、决策能力和思维能力，这对下一步的发展具有决定性的影响。在情境训练模式中，评价包括自我评价、定性评价和形成性评价等几种方式。

2.情境训练模式的要求

（1）创设情境，模拟真实

情境是情境训练模式的根本，因此，创设情境要具体、真实，一切设计要围绕着教师的真实教学情境进行，要避免为了设计而设计的情况，如果脱离实际，那么该情境就是失败的。

（2）方法混搭，多元融合

与此同时，设计的情境也不能完全照搬真实的场景，因为真实场景往往是个例，具有的元素也比较单一，大多数情况下都不具备典型性和普遍性，因此，在设计训练情境时，还应巧妙地构思，使训练情境更具教学价值。此时可以采用方法混搭的策略，将不同的真实情境融合在一个具体的情境中，从而提升训练的效率。

二、体育教师教学技能训练的原则

体育教师的教学技术训练是一项较为复杂的工作，其中涉及许多学科的知识和技术，因此在实践工作中还要克服许多问题，这就需要制定相应的原则进行指导，保证训练工作的高效进行。

（一）结合多种技能综合训练

通常情况下，实际教学中都是多种教学技能的综合使用，因此，在进行教学技能训练时，也要尊重这一基本事实，将教师需要提高的多项技能整合在一次训练中，从而提高训练的效率。

同时，进行多项技能的综合训练，也是促进体育教师快速成长的重要手段，让他们同时面对多种技能的考验，那么日后在面对真实的复杂情境时，才能沉着自信，应对自如。

（二）以团队训练为主要形式

尽管每一位体育教师都具有各自的特点，每个教学技能的表现也各不相同，但是在实际开展训练活动时，仍然以团队训练为主，这是具有多方面的主客观原因的。首先，个人训练总是在团队训练中实现的，其次，团队训练是个人训练的最佳手段。

（三）采用多元训练手段

在对体育教师进行教学技能训练的过程中，一般需要采用多元训练手段，因为不同的训练收手段具有不同的优势，也具有各自的不足，通过多元手段进行训练，可以从多方面促进体育教师教学技能的提高，也可以在一定程度上规避单一训练方法的缺陷。

三、体育教师教学技能训练的内容

（一）编制体育教学内容的技能

一名合格的体育教师，应该具备编制体育教学内容的技能。编制体育教学内容需要本着科学、丰富、有趣的原则进行，这对体育教学具有决定性的作用。

1.训练过程

体育教学内容编制技能的训练过程包括以下几个环节。

（1）确定教学目标

教学目标是编制教学内容的主要依据，是指导体育教师进行教学内容选取、采用和实施的重要参照，确定教学目标是教学活动的起点，只有学会确定教学目标，才能更好地编制教学内容，它们彼此之间有着紧密的关系。教学目标不同，那么教学内容必然也不同，因此，编制教学内容的第一步是确定教学目标。

（2）编制教学内容

编制教学内容的训练包括以下三个部分。

①教学内容选择技能的训练。

编制教学内容没有什么捷径可言，最重要的就是大量地熟悉和掌握各种教学内容及其特点，在这一基础之上，才能够游刃有余地选择。简而言之，只有掌握了大量的教学内容，才能做出最合理的选择。

②教学内容改编技能的训练。

掌握了所有教学内容的特点之后，需要进一步对教学内容的实施效果进行了解。因为教学内容是一回事，其实施效果是另外一回事，因此体育教师还要掌握一定的改编教学内容的技能。对教师改编教学内容技能训练，最重要的是要求教师掌握灵活运用多学科知识混合搭配的技巧，具备一定的创新能力。

③教学内容组织技能的训练。

有了合适的教学内容，也具备改编的能力，此时，教师还需要具备对教学内容进行组织的技能。对组织教学内容技能的训练要结合教学实际进行。简单来说，就是在把握全局的基础上，还能做到兼顾细节，并将不同水平、年级的教学内容统筹起来，通过整理、搭配、增补和删减等手段，创编出适合学生身心成长规律的教学内容。

（3）评价与反馈

对编制好的教学内容，还要经过评价才能保证教学内容的质量，一般从以下两个方面进行。

第一，由专家、教师评价。借由专家的视角和经验，可以对编制内容的知识结构、设计逻辑、预期效果等进行审核，能够对体育教学内容进行整体的质量把控。

第二，由学生评价。编制好的教学内容还要让学生进行评价，这是因为学生是教学内容的直接接受对象，他们的反馈非常重要。并且，学生的视角和感受是专家和教师所不具备的，这也是决定教学内容最重要的一个元素，学生的评价是更具实践意义的评价，因为学生的直接体验才是最重要的。

（二）体育教学活动组织技能

1.了解活动组织的作用

体育教学是一项以实践活动为主要形式的教学活动，因此，对活动的组织是影响教学质量的重要因素。每一位体育教师都必须对此有着深刻的认识和理解，并以此为依据，对自己的教学活动提出更高的要求。

教学活动的组织，是指以体育教师为主导，以教学目标为依据，通过整合与协调各种体育教学资源对体育教学做出设计和安排。在大多数情况下，体育教学活动的组织都是以集体形式呈现的，而集体活动的组织会涉及纪律、秩序、资源分配、人员配合等多方面的问题，既包含对物质的合理利用，又包含对人员的妥善安排。因此，必须进行妥善的安排和合理的调整，合理安排活动，及时调整活动队伍，能够形成与维持正常的教学秩序，促进师生交流，提高体育教学效果和质量。

2.确定活动组织的目标

在组织教学活动之前，首先需要确定组织的目标。简单来说，组织教学活动就是为了实现教学目标。在体育教学活动中，可以说所有的教学都是以活动的形式进行的，因此，组织活动的能力直接与教师的教学能力挂钩，因此，为了顺利开展体育教学活动，体育教师要具备确定活动组织目标的能力，以及组织活动的能力。

第三节　实施体育教学质量监控

现代体育教学质量的提升，还离不开对体育教学质量的监控，通过有效的体育教学质量监控，能够很好地促进体育教学质量的不断优化和改进，这是现代体育教学中的重要环节。

一、体育教学质量与质量监控概述

《体育与健康课程标准》中要求，通过体育与健康课程的学习，学生要达到如下水平。

（1）增强体能，掌握和运用基本的体育与健康知识和运动技能。

（2）培养运动的兴趣和爱好，养成坚持锻炼的习惯。

（3）具有良好的心理品质，展现出人际交往能力与合作精神。

（4）提升对个人健康和群体健康的责任感，形成健康的生活方式。

（5）发扬体育精神，形成积极进取、乐观开朗的生活态度。

从课程标准的相关要求可以看出，体育教学的最终目的就是把学生培养成为身心全面、和谐健康发展的优秀青少年。因此，如果学生达到上述要求的水平越高，说明教师的教学质量越高；如果学生距离上述要求标准越远，说明教学质量越低。

学校体育教学质量监控的组织，主要是由教务处、督导组、教研组组成，他们分别发挥着各自的作用，共同发挥学校体育教学质量的监督、检查、纠偏等监控作用。

对体育教学质量的监控，需要通过建立相应的监控体系来实施。因此，教学质量的优劣与监控体系的完备程度共同决定着体育教学质量监控的效果。

首先，体育教学质量包括体育教师的教学质量、学生的学习质量以及体育教学过程的质量；其次，监控部分则由评价、反馈、纠正、激励等环节组成。

总之，构建体育教学质量监控体系，是保证教学质量的一个关键因素，通过及时向体育教师反馈教学成果，能够快速地解决当下存在的不足，从而及时对教学过程加以调整和优化，保证教学质量。

二、体育教学质量监控的过程

（一）监控计划

1.编制监控活动计划

一项十分有效的体育教学质量监控工作，必须从制订监控计划开始。这需要学校的所有相关人员集体参与，群策群力，设计出符合学校实际情况的监控手段和方法。

2.组织和培训监控评估人员

有了监控计划之后，要组建相应的监控队伍，并对相关人员进行系统的培训，包括意识水平、业务能力，以及具体的监控方法、所采用的设施和软件、相关技能的培训。

（二）计划实施

有了详细的监控计划以及精干的监控工作组，接下来的工作就是严格执行监控计划，保证体育教学质量监控工作顺利、有效地开展。

（三）监控评估结果的解释、处理和利用

得出监控结果后，相应的工作人员还需要对监控结果进行评价、公示和解释，这既包含对被监控对象的解释，也包括征集被监控对象的反馈意见，以及对实际工作中存在的困难进行深入的调查，以便为日后的体育教学扫除障碍，对其他体育教师起到提醒的作用。

第四节　推动校园体育文化建设

校园体育文化是学校体育教学的环境支持，是保证体育教学质量的重要组成部分。因此，对校园文化的建设是提升现代体育教学质量的重要途径，值得每一位体育教育从业者认真思考、大胆创新与反复实践。

一、校园体育文化建设的内容

（一）体育课

1.理论课建设

建设校园体育理论课的常见思路是：把体育文化知识以及体育卫生保健知识传授给学生。向学生传授体育基础原理和知识的意义是：可以让学生更加深入地理解体育在人类社会、国家、自身今后生活和工作中的深远意义，推动学生主动融入体育学习环境中。向学生传授保健知识与卫生知识，能够推动学生理解健康的重要意义以及维持身体健康所需的环境，由此使学生熟练掌握基础性的保健方式，同时自觉珍爱环境、维持健康。

这类理论内容需要达到的要求是：第一，尽可能和学生在日常生活可能遇到的问题保持紧密联系；第二，在理论建设过程中，针对这类内容的选择严禁零散混乱、简单罗列知识，必须和现阶段的社会发展潮流有密切联系，精心选择一些对学生有深远意义的体育原理和保健原理来组织教学内容；第三，在组织建设过程中，必须要兼顾运动实践部分的相关内容。

2.实践课建设

组织学生在体育场馆内参加身体活动的课堂教育就是体育实践课。开展实践课主要是为了使学生对身体锻炼的基本技能与方法加以掌握，并将所学的理论知识运用到实践中。实践课的建设主要是通过教学来实现的，因此在教学过程中要慎重选择实践教学内容。通常，校园体育实践课建设中常见的实践教学内容有以下几类。

（1）球类运动

篮球、足球、排球、网球、羽毛球、乒乓球等共同组成球类运动。教师向学生传授球类教学内容，可以促使学生深入理解球类运动的概况以及各类比赛的相似之处，促使学生充分掌握球类运动的基本技术与基本战术。球类运动的技战术往往比较复杂，任何一种技战术或技战术组合之间都存在彼此依存、彼此制约的关系。因此，筛选适宜教学内容的难度较大，可能会出现不知怎样考虑的现象。倘若仅学习单一技术，则会使球类运动本质沦丧，进而无法顺利参与比赛并灵活运用，还会导致学生对球类运动失去兴趣，最后难以灵活运用与提升单个技术。但是，要想具体讲解并介绍所需时间比较长，部分球类运动要想实现特定教学目标，最少要一学年时间乃至更长。由此可知，倘若已经明确要开展此类项目，必须保证有机结合技术教学、战术教学以及教学比赛。

（2）体操

技巧、支撑跳跃、单杠、双杠等都是体操运动的内容。体操运动不但能发展人的力量性和协调性，而且能发展人的灵活性和平衡性。体操运动源远流长，从人类迈进文明时代后，其始终伴随着人类发展，体操和人们战胜外界物体的渴望存在密切联系。

传授和学习体操运动的教学内容，需要让学生对体操整体概况形成清晰认识，理解体操运动对人体的锻炼价值以及作用，掌握常见的体操原理与特点，掌握部分代表性强和实用性强的体操技能，学会通过体操动作来强身健体并掌握娱乐方法、竞赛方法、注意事项，可以通过保护和帮助的形式来安全参与体操运动。

（3）田径

田径运动和人的走、跑、跳、投等基本活动能力之间存在密切关系，因此，需要掌握跑、跳、投的原理与特点，掌握基础性特征和实用性特征明显的田径运动技能，通过田径运动掌握发展体能的手段以及注意事项，全面掌握基础性的田径裁判技能以及组织比赛技能。田径教学内容不但和田径运动技能存在紧密关系，而且和人们战胜挫折、顽强竞争的心理需求存在紧密关系。由此可知，必须站在文化、竞技、运动、心理体验、发展体能作用等角度来认识与剖析教学内容，同时合理组织教学。

（4）韵律运动

健美运动、民间舞蹈、健美操、体育舞蹈、韵律操、艺术体操等都是韵律运动的内容。在对教学内容进行组织时，必须站在培养审美观、介绍舞蹈音乐理论、培养情感表达能力、优化健身效果等角度展开考虑。

（5）民族传统体育

民族传统体育教学所用教学时间比较长，另外还需考虑教学的实效性。

就一般学生来说，民族传统体育常常要求学生拥有较强的基本功，该基本功短时间内无法练成。因此，此类教学内容的教学重点不可以只局限于学生可以灵活掌握一套套路。传授民族传统体育的教学内容时，不但要以学生心理特征为依据，而且要反复重申教学内容的文化性、实用性、范例性、文化背景以及文化意义。

（二）课外体育活动

1.学生的课外体育活动

学生的课外体育活动有以下几种形式。

（1）全校活动形式

全校活动不但规模庞大、气势恢宏、影响力大，而且便于统一领导、统一指挥，操作性比较强，有助于组织和管理者完成监督工作、检查工作以及评价工作。

全校活动形式的常见作用包括：第一，推动班级之间和年级之间相互学习、协同成长；第二，便于向学生开展爱国主义教育和集体主义教育；第三，对学生增强遵守纪律意识以及养成集体荣誉感有积极影响。

（2）班级活动形式

生动活泼、便于组织管理、选择余地较大、限制因素较少以及锻炼效果良好是班级活动形式的主要优势。班级活动以教学班为单位，由班级体育委员负责组织，团支部、学生会等组织的其他班干部的主要职责是协助配合体育委员。

（3）小组活动形式

在每个组，组长由体育积极分子或项目擅长的学生来担任，在组长带领下开展各种各样的活动。对于小组详细活动内容，可以按照季节和场地设置来科学选择。

团体往往是由体育喜好以及自身优势存在很多相似之处的学生自发组成的。共同目标、具体喜好、某方面优势推动学生自发组织体育活动，彼此学习和交流，有效拉近学生之间的关系，利用团体体育活动来真切感受成功与快乐。

团体的组织拥有松散和自由两方面特征，成员实际数量往往依照详细情况来确定，同时团体内成员往往欠缺稳定性。通常团体成员不会只局限在特定班级或特定年级中，不但可以是本班学生和本年级学生，而且可以是其他班学生和其他年级学生。团体活动不需要实施专门管理，原因在于团体组织随意性特征明显，不存在始终不变的活动时间以及活动地点。

（4）个人活动形式

个人活动指的是学生根据自己的体育兴趣爱好自行参与的体育活动，个人活动能够选择各种各样的内容，通常学生会选取和自身喜好、实际需求相吻合的体育项目来参与锻炼。个人活动和各种集体活动之间不存在矛盾，没有绝对意义上的排他性。与此相反，从某种程度来分析，个人活动和集体活动能够相互转化、相互促进。

（5）俱乐部活动形式

近些年来，体育俱乐部活动成为许多学生进行课外体育活动的一个热门组织形式，学生结合自身喜好自觉成为俱乐部一员，在俱乐部内部参与自身喜爱的体育锻炼项目。学生参与俱乐部活动往往存在很多目的，有些学生旨在提升技术技能水平，也有些学生旨在参与课余体育训练，还有些学生旨在休闲娱乐。俱乐部活动的常见特征包括：有专门的管理组织、配备专业的指导教练、俱乐部活动效果比较理想。

2.教师的课外体育活动

大部分时间里，学校教师从事的都是脑力劳动，锻炼身体的机会很少，因此经常感到身体疲惫不堪，心理处于一种压力状态，这样不但会影响其身心健康，而且也不利于教学效果的提高。

除此之外，尽管教师在同一办公室工作，然而在学科划分或性格差异等因素的影响下，造成教师间的交流十分有限，同时教师在教学过程中相对严肃，和学生之间的沟通比较有限，除课堂交流之外其他交流很少，这些情况对构建和谐校园人际关系有消极作用。

为了解决上述问题，需要积极开展针对教师的体育活动，具体从以下两个方面展开。

（1）组织有利于缓解压力的体育活动

登山运动和春游等能缓解教师压力，能让教师暂时远离工作问题，达到强身健体、缓解心理疲劳的目标，由此形成积极向上的精神状态。除此之外，可以积极举办部分项目的体育比赛。教师主动加入体育锻炼中，不但有助于提升技术水平，而且有助于拥有良好体魄。

（2）组织师生之间的体育比赛

绝大多数教师在上课时相对严肃，由此使得学生对教师产生害怕心理和距离感，组织学生和教师共同参与的比赛，能够使教师和学生置身于一个层面，充分发挥学生个性，进而遵循公平竞争原则来发挥体育技能，同时参与比赛后便于就体育或都感兴趣的话题作深入探讨，如此有助于师生之间的全方位了解，有效解决教师和学生之间感到陌生的问题，消除学生对教师的害怕心理，进一步拉近师生的距离。对于年龄较大无法参与登山等户外运动和大强度体育比赛的教师来说，建议挑选武术等运动强度较小的活动。

（三）课余体育训练

课余体育训练的目标是：使具备运动特长的学生从多个角度认识体育，促使学生深入领会部分专项和非专项的技术、战术，不断强化身体、技术、战术三方面的全面训练，推动学生身体健康发育，改善不同系统器官的功能，有效发展学生体能，促使学生形成优良的道德作风以及坚忍不拔的意志品质，为今后的专项运动训练奠定坚实的身体基础、心理基础、技术基础、战术基础、思想品质基础等，更好地服务于提升运动技术水平、输送高水平的后备人才与群众性体育骨干。

（四）体育竞赛

1.校内体育竞赛

校内体育竞赛是在校园内举办的、针对校内师生的一种体育竞赛活动。以组织的等级为依据，可以将校内体育竞赛分为校级体育竞赛、院级或年级体育竞赛、班级体育竞赛。竞赛项目主要有田径、篮球、羽毛球等。除此之外，还要积极组织接力赛等小规模比赛，此类比赛的参与人数较多，可以吸引更多学生参与其中。班级之间的体育比赛具备明显的灵活性，同时相当普遍，适合不同体育爱好的学生。

2.校际体育竞赛

对于校内开展的体育竞赛来说，主要目标是传播体育精神以及推动学生积极参与体育锻炼；对于校际间开展的体育竞赛来说，主要目标是进一步强化各个学校之间的交流，有效提升学校形象，使得学校和社会的沟通更加顺畅。就校际开展的比赛来说，世界大学生运动会以及世界中学生运动会是级别最高的，这种情况下校际比赛已经引申成国际比赛，在比赛过程中学生能够向全世界展示自身活力和实践技能。

二、校园体育文化建设的原则

校园体育文化的建设要遵循一定的规律和原则，这些原则都是经过长期的理论研究和实践总结出的对校园体育文化最基础、最合理的规律。只有在这些原则下的体育文化建设才能获得预期效果，否则便会出现事倍功半的情况。在将体育文化与校园文化相结合后，发现要想做好这一建设工作，主要应从主体性、统筹协调和与时俱进三个原则入手。

（一）主体性原则

主体性原则主要是指一定要以学生为主体，这是保证校园体育活动质量的根本前提。校园体育文化建设必须以促进学生的发展为主要目标，时刻都把学生视为活动的核心，切实掌握学生的成长动向，了解他们所处年龄阶段的认知能力和性格特点，全面分析他们的现实处境和需求，并尊重学生该阶段出现的一些偏离主流文化的兴趣追求，比如有大量处于青春期的学生急于彰显个性，想要获得更多关注，他们打扮夸张，喜欢“装酷”，这些都是这一年龄阶段的正常现象，因此，作为学校和家长应该给予一定的尊重和宽容，允许他们在不影响身心健康成长的前提下，充分表达个性。这是青少年认识自我、发展自我的必经阶段，也是主体性原则必须包含的内容。

（二）统筹协调原则

因为校园体育文化涉及很多内容，所以校园体育文化建设属于一项系统性工程，必须保证统筹兼顾、协调配合。只有达到这些要求，才能保证校园体育文化建设的科学性，才能保证建设过程获得学生认可。在校园体育文化的建设过程中，统筹协调原则反映在以下几方面。

1.课堂教育与课外活动的协调

对于现代校园来说，课堂教育和课外活动是体育教育常见形式，所以建设校园体育文化应当在这两种常见形式的基础上进行。在我国，体育已经发展成为学校的必修课，体育教学大纲针对学生每周体育活动的最短时间做出详细规定。

体育课包括室内课与室外课。室内课通常讲授体育理论性知识或和体育存在关联的运动医学、恢复运动疲劳、合理摄入营养等内容，体育教师依照教育部颁布的体育教学大纲并采用班级授课制实施。站在整体角度来分析，体育理论课所占比例较小。

室外体育课往往将实践作为主要内容，通常会向学生传授特定体育运动的技术手段和战术手段以及开展体育游戏的策略，把关键性内容设定为提升学生运动技能。室外体育课利用计划性强、循序渐进的教学手段，来分阶段解析成套的运动套路。与体育理论课相比，实践课所占课时比例要大出很多。

课外活动还属于校园体育的一项关键内容，虽然课外活动不在国家规定活动内容的范畴内，但课外活动充实情况对校园体育开展情况有决定性作用。和传统课堂体育教学相比，课外体育活动具备旺盛的生命力，其缘由就在于其时间充足，形式多样，是一种对课堂体育教学的补充与完善。

2.软件与硬件协调

和校园体育文化相关的软件和硬件之间的匹配和协调，就是“软硬”结合。硬件建设主要有不同类型体育活动的体育场地、体育器材、体育师资队伍、体育社等；软件建设主要有教师和学生的体育精神、体育制度以及体育观念等。

实践表明，校园体育文化建设不可以过度重视软件或硬件单一方面的建设，必须始终坚持“两手抓，两手都要硬”“软硬兼施”、两者协同发展，在这种情况下方可保证校园体育文化发展能够一直维持在平衡状态中，进而取得理想成效。在建设校园体育文化过程中，存在校园硬件设施齐全、软件设施建设和校园体育文化实际情况出入较大的状况，体育活动组织内容存在单一性，未能有效利用学校已经配备的硬件设施，造成硬件设施流于形式，功能多样的硬件设施成为反映学校实力的摆设。与之相反，倘若学校活动内容五彩斑斓、相关制度十分完善，但硬件设施一直无法满足组织活动的实际需求，则组织计划和规章制度将变成空谈，原因在于欠缺能够承载的物质。由此可知，硬件是软件的基础，软件是硬件的条件，要想推动校园体育文化建设不断推进，必须保证软件和硬件协调。

（三）与时俱进原则

进入21世纪，科技的飞速发展，以及经济和文明的长足进步，使得人们在生活观念上出现很大变化，物质富裕已经不再是真正意义上的富裕，必须具备身体健康与心理健康的前提条件方可称之为真正富裕。在这一时代背景下，作为社会亚文化的校园体育文化依然需要紧跟社会潮流来合理调整建设方向，始终和社会发展处于同步状态，只有这样方可更好地服务于社会。

三、校园体育文化建设的要求

（一）物质文化建设讲究实用与安全

实用，是指校园体育文化建设应该从实用的角度出发，避免华而不实式、好高骛远式的虚张文化活动，而应该从学生当前的实际发展需要出发，切实可行地进行一些有利于学生参与体育活动、培养体育兴趣的物质建设和文化建设活动。

安全，是指在学校体育活动中有时会出现安全事故，这严重违背了安全理念，所以建设校园体育物质文化的过程中必须反复重申安全性，定期对体育场地和体育器材展开全面检查，在恰当时间内更换使用时间过长和没有达到标准的器材，保障学生安全。

（二）采用多样化的组织形式

要想发展校园体育文化，学校必须组织多元化的体育活动，必须保证包含很多健康向上的体育内容，保证体育活动具备娱乐性特征。因此，多元化发展道路是建设校园体育文化的重要方向，多元化组织形式是多元化发展的重要反映。多元化组织形式不仅能为学生的选择提供更多空间，而且能使学生不同的体育需要得到满足，从而让学生更加主动地参与体育锻炼活动。

（三）健康性与娱乐性并重

1.健康性

校园体育文化的建设，必然是围绕着学生的身心健康发展这一核心而展开的。因此，健康性是其内在要求，即一切要以“健康第一”为主要目标，以有利于学生的身体发育和健康成长为方向，以促进学生参加体育锻炼为目标，使学生拥有健康的身体素质和健全的心理素质。

2.娱乐性

由于学生的学习负担重、学习压力大，所以学生精神方面往往会受影响。倘若学生在很长时间内都处在紧张状态，则身体将难以维持健康状态。校园体育文化的娱乐性不仅能帮助学生缓解紧张情绪，还能使学生身心处于放松状态。学生要主动参与各种各样的娱乐项目，由此方可在精神方面得到愉悦与享受，从而处于健康向上的状态。轻松愉悦的氛围不仅对学生健康成长有积极作用，对提升学习效率也有积极作用。

（四）校园体育文化建设要持之以恒

学生要想掌握体育技能、强化体育意识、树立健康向上的体育观，必须坚持不懈地接受体育教育，积极参与体育锻炼。校园体育文化建设必须在很长时间内对学生进行潜移默化的指导。

除此之外，在校园体育文化建设过程中难免会出现这样或那样的问题，当顺利解决完问题后，时常会出现新问题，同时整个过程中出现的问题往往存在时代因素。针对这种情况，必须长期坚持校园体育文化建设，整个建设过程都立足于时代发展的角度，这样方可防患于未然，妥善处理不断出现的新问题，促使校园体育文化为学生提供更好的服务。

第六章
现代科学理念下体育教学设计与质量提升研究

现代体育教学的发展已经取得令人瞩目的成绩，这与社会的进步和文明的发展息息相关，尤其是现代科学理念的快速发展，为体育教学提供了多方面的支持，对现代体育教学设计具有直接的决定作用。本章将从课程思政理念下体育教学设计与质量提升、信息化教育理念下体育教学设计与质量提升以及核心素养理念下体育教学设计与质量提升三方面展开深入分析。

第一节　课程思政理念下体育教学设计与质量提升

课程思政理念是我国政府提出的一项重要教育指导思想，在课程思政理念的指导下，我国体育教学的设计取得了质的突破。

一、课程思政视角下体育教学的设计

课程思政是我国教育领域一个具有开创性和创造性的教育指导思想，它主张以潜移默化的方式融入教学过程的各个环节中，从而使非思政课程的育人价值得以强化和实现，最终在传递知识的同时达到育人的功效和目的。

（一）将课程思政理念融入体育教学的必要性

1.课程思政具有深刻的教育内涵

（1）课程思政是一种创新教学理念

课程思政是对传统教学理念的一种颠覆，它提供了一种全新的教学思路。课程思政转变了传统的依赖专业的思政课程进行教学的思政教育模式，将思政教学的任务下发到每一学科教师的手中，使学生能够全方位地接触思政教育。

课程思政这一教学理念的提出，不仅能够有效解决传统思政课程教育效果不佳的问题，更是对我国的教学体系造成了一次有力的冲击，为我国教学模式的发展提供了全新的思路，有利于促进我国教学新模式的形成。

（2）课程思政对改善教学效果具有重要作用

课程思政教学从教育本身的角度上来说对改善体育教学效果具有重要的

意义。课程思政教学是将专业知识教学和思政教育结合在一起，一方面挖掘专业课知识中的思政教学资源；另一方面引导学生将思政课程的内容融入专业课的知识之中。教师在上课的过程中会带领学生不断进行知识之间的切换和融合，引导学生发现知识之间的联系，这样做不仅能够锻炼学生的思维转换能力，还能锻炼学生的知识运用能力，加深学生对体育知识的理解和掌握，培养学生的思政觉悟，最终提升专业课和思政课双课堂的教学效果。

2.课程思政具有重要价值

课程思政是对我国教学模式的一次重要变革，弥补了我国传统教学模式在思政教育上的不足。传统教学模式中，各个学科和思政教育之间是相互独立的关系，这种关系导致在很长一段时间内，教育的“教书”和“育人”两个功能难以同时实现。而课程思政则实现了专业课教学和思政教育之间的联合，在专业课教学中有针对性地加入思政教育的内容，一方面丰富了专业课的内容；另一方面也借助专业课课堂达到了思政教育的目的，真正发挥了教育的“教书育人”功能。同时，这种通过串联的方式实现双重目的、提升教学效果的新颖教学模式的成功，为我国接下来的教学模式改革提供了灵感，有助于促进我国的教学模式向着更加科学、高效的方向发展。

课程思政的重要价值是我们将其融入体育教学的原因之一，下面我们将从学校层面、教师层面和课程层面对课程思政的重要价值进行具体解读。

（1）学校层面

学校是对青少年进行教育的最主要的场所。当前，在社会快速发展变化的背景之下，校园面临着各种思潮和文化的相互碰撞，对学校教育来说，这既是一种机遇，同时也是一种挑战，关键在于学校自身的抉择和做法。而课程思政的提出无疑为学校指明了思想教育的发展方向，从顶层设计上实现了道德教育和知识教育的统一，使得学校在思潮变化的风口之下坚持了自己“教书育人”的任务。

（2）教师层面

从教师层面来说，课程思政为他们提出了“三真”的要求，要求他们真学、真做、真信。其中，“真学”是指教师的学习不应该只集中在专业知识上面，而应该实现跨学科学习，同时增加对社会现实的关注，在精通本专业知识的基础上促进自身的全面发展。“真做”是指本着“以人为本”的教学理念，对学生负责，不断提高自己的教学水平，钻研课程思政的有效教学方法，坚持进行创新突破，将思政教育无声地融合到专业课堂上，对学生产生潜移默化的影响。“真信”指的是教师本人应该具备高尚的思想道德，严格要求自身，时刻注意自己的言行，通过言传身教实现对学生的教育。

“三真”对教师提出了学习、行动和思想上的要求，在提升教师队伍的整体素质上具有非常重要的价值。

（3）课程方面

从课程层面上来看，课程思政并不是将专业课课程和思政课简单相加，而是根据专业课的特点，一方面在其中发掘思政教学的资源；另一方面根据专业课的特点将思政课程的内容有机地融合到专业课之中。这样做的目的是将思政教育全过程、全方位地融入课堂中，使学生在学习专业知识的同时又得到思想上的“洗礼”。课程思政不仅实现了课程教育中“智育”和“德育”的结合，还开创性地实现了不同学科之间的有效融合，为我国教育模式的创新发展提供了全新的灵感。

3.将课程思政融入体育教学具有重要意义

（1）摆脱思政教育孤掌难鸣的困境

传统的思政教育主要依赖思想政治教育理论课和团日活动进行，存在教学途径单一、教学效果不佳的问题。从思政课堂上来说，教学形式单一、教学内容枯燥、教学课时集中，很难激发学生的兴趣，大部分学生是抱着“混学分”、应付教师的心理来上课的，自然达不到理想的教学效果。从团日活动上说，一般党委和辅导员将举办任务下发给班级学生干部，而学生干部经验不足，对活动意义认识不深刻，导致学生不愿意配合，团日活动流于表面，大部分班级是为了完成教师交代的任务开展活动，不仅达不到教育效果，还无形中浪费了学生的时间、增加了学生的负担。而将思政教育融入体育教学中，一方面能拓宽思政教育的教学途径，改变了传统的单一教学模式；另一方面也能发挥学生在体育课堂上的主体作用，激发学生的能动性和积极性，提升思政教学和体育教学的效果。

（2）弘扬和传承体育精神

体育精神是指体育运动中所蕴含的对人的发展具有启迪和影响作用的有价值的思想作风和意识，在一定程度上，体育精神的培养和思政教育之间相互重合、相互联系。将思政教育融入体育教学之中，实际上是在原有的注重体育技能教育的基础上增加对学生思想上的教育和引导，为学生感悟体育精神、传承体育精神创造了有利的条件。比如，借助竞技体育活动对学生开展思政教育，有利于培养学生的竞争意识、合作意识，帮助学生形成正确看待成败的价值观念；在教学过程中向学生介绍国家体育强国的发展战略，有利于增强学生的爱国意识，帮助学生树立体育报国的远大理想，等等。将思政教育融入体育教学之中，能够通过思想政治和体育精神之间的共通性，促进学生思想政治觉悟的提高，促进体育精神的弘扬和传承。

（二）课程思政视角下体育教学设计的策略

1.更新教育理念，注重德育

教育理念是开展教学活动的依据，能够体现教学实践的风格和特点。将课程思政融入体育教学中，首先应该更新教育理念，注重德育。在树立教学理念的过程中要充分肯定课程思政的重要性，将课程思政融入学生培养方案之中，从教学目标、课程设置、教学方法、考核评价等各个环节，从行政到教学、从教师到学生、从活动到课堂等各个方面提高对课程思政的重视程度。课程思政的目标是对学生进行思想政治教育，培养学生的高尚品格，健全学生的人格，因此要在新的教育理念中突出“德育”的重要性，让教师认识到自己“教书育人”的根本任务。学校要响应国家的号召，根据党和国家关于课程思政的要求，积极更新教育理念，重视德育，发挥学校为国家培养全面发展的优秀人才的作用。

2.改革教学模式，创新教学方法

课程思政进入体育教学需要转变传统教学模式，改变传统教学方式。从教学模式上说，传统体育课程教学注重对学生体育技能的培养，几乎不存在对学生思想政治的教育，而课程思政要求将思想政治教育融入各个专业课的课堂，在专业课内容中发掘课程思政的教学资源，有针对性地将思政教育的内容融入专业课程教育之中。在这种要求之下，体育教师需要转变传统的教学模式，在运动技能教学中加入思政教育的内容，实现两者的有机结合。从教学方法上来说，思政教育进入体育课堂对教师来说将会是一个全新的挑战，体育教师需要认真钻研教学方法，采用丰富的教学形式，巧妙地将两者结合，激发学生的学习兴趣，使学生在体育课堂上不仅能获得运动技能，还能接受思想和价值观念的正确引导，提升思想觉悟。

3.提升教师的综合素质，增强德育能力

教师是课程思政改革中非常重要的一个因素，教师自身的思想道德素质和教师实行课程思政教学的能力都会影响教学效果，关系到课程思政的教学目标能否实现。因此，在推行课程思政的过程中一定要非常关注教师的发展，注重提升教师的综合素质，增强教师的德育能力。首先，体育教师对学生起到榜样的作用，教师自身的言行举止都会在潜移默化中对学生产生影响，所以体育教师一定要注意提高自己的思政水平，提升人格魅力，使学生形成对教师的敬佩感和信服感。学校要加强师德、师风建设，提倡教师在课余时间参加思政教育，也可以组织相关的活动和设置培训课程，将教师集中起来进行培训。其次，体育教师要提高思想觉悟，认识到对学生进行思政教育是一项艰巨但光荣的使命，主动承担起德育的责任，引导学生树立正确的思想价值观念。体育教师要积极探索推进思政教育进入体育课堂的有效办法，不断创新体育教学方法和教学模式，促进思政教育和体育教学的有机结合，不断提高教学水平和教学质量。

4.建设体育课程思政评价机制

体育教学评价中，传统评价机制常常受到惯性逻辑思维的限制，导致评价方式单一，而在课程思政视域下，要对学生的体育学习成果进行多维度评价，包括知识、技能、道德品质等多方面的评价，从而判断体育课程的全面育人效果。此外，对体育教师的评价也要改革升级，这就有必要建设体育课程思政评价机制。

第一，建立科学的学生评价机制，除了评价学生的体育知识素养、运动技能水平外，还要对其思想品质、社会意识、集体主义精神等素养进行综合评价和考量。

第二，建立科学的教师评价机制，除了评价体育教师对体育知识、运动技能的传授能力外，还要评价其思政教育能力、将思政元素融入体育教学过程的课程设计能力以及全方位育人能力。

第三，建立健全师生综合评价机制，在内容方面体现责任、修养、情感、适应度等，真正实现从知识、技能向人文核心素养的延伸，最后内化为师生的一种综合素质。

二、课程思政理念下体育教学质量的提升

（一）促进体育教师思政水平的提升

体育教师不仅是体育教学第一线的执行者，而且也是体育教学设计的重要参与者和决定者，若想提升体育课程思政教学质量，必须从体育教师自身的思政水平抓起。只有当体育教师自身的思政水平不断提升，才有可能在实际教学中提升体育教学的质量。

（二）定期进行体育教学反思

每一种进步都是建立在不断调整与优化基础上，课程思政本身是一种教育创新且十分复杂的教育理念，在实施的初期，是沿着边探索边进行的途径推进的。为了不断提升和优化其质量，还需要定期地进行反思与总结，将课程思政理念下的体育教学与以往作对比，清楚取得了哪些成就，还有哪些不足，这些都是下一次进步的最好素材。因此，作为体育教育工作者，应该定期进行反思和总结，从而保证不断取得进步和突破，获得更好的教学效果。

第二节 信息化教育理念下体育教学设计与质量提升

一、信息化教育理念下体育教学的设计

随着现代信息技术的不断发展，体育教学的信息化水平、教学效率与质量不断提升，但也存在信息化教学资源不足、信息化教学建设滞后、信息化教学条件欠缺、师生缺乏良好的信息化素养、信息化教学方法单一、信息化教学平台欠缺等诸多问题。鉴于此，在现代信息技术下进行体育教学的改革创新，就要加强现代信息技术与体育课程的融合，充分利用现代信息技术条件去解决问题，使体育教学在信息化时代能够取得更好更快的发展。在现代信息技术视角下进行校园体育教学改革也是同样的道理，下面具体分析现代信息技术视角下体育教学设计的方向与建议。

（一）从信息化教育理念出发

信息化时代为体育教学创造了良好的发展机会，我们应将丰富多彩的信息化教学手段运用于体育课堂教学中，并基于对网络技术、多媒体技术的应用来改革体育教学内容、方法、模式、考评、管理等各个教学要素，大力创新，不断优化与完善信息化体育教学体系，这是信息化时代发展背景对体育教学的要求，也是新时代社会发展对学校培养全面发展型人才的要求。只有利用信息化手段而全面进行体育教学改革与创新，才能进一步推动素质教育理念的贯彻落实，实现素质教育的目标，实现良好的体育教学效果和体育人才培养效果。

（二）加强信息化教学建设

1.建设基础：完善设施

规划信息化体育教学建设路线，完善设施是最基础的环节。要根据实际需求来完善信息化教学设施与设备，多开发具有可靠性、可操作性、安全性、实用性的信息化教学设备，并不断更新与补充新的设施，以满足不同学生对信息化体育教学硬件资源的需求。

2.建设重点：开发资源

要推动信息化体育教学的发展，就要利用信息技术手段来开发丰富的教学资源，如数字图书馆、学习资源库、网络体育教学平台等，从而为体育教师和学生提供便利。

3.建设关键：师资培训

体育授课教师的信息化教学素养直接决定了信息化体育教学系统能否充分发挥自身功能，决定了信息化体育教学的开展情况和最终效果。所以要强化对体育师资队伍信息化素养的培养，使体育教师具备获取信息化教学资源、运用信息化教学手段以及灵活操作信息化教学设备的能力，从而提高信息化体育教学的效果。

4.建设保障：制定政策

在体育教学的信息化改革与创新中，教育部门可出台相关政策来为学校信息化体育教学的改革与实施提供政策依据与法律保障，为学校信息化体育教学的发展提供方向与指引，通过对相关奖惩政策、管理政策等配套政策的制定与完善，加大政策支持力度，保障学校信息化体育教学的顺利开展与长远发展。

（三）改善信息化教学条件

要顺利实施信息化教学，就需要学校有相应的基础设施和资源环境作保障。良好的基础设施和资源环境是开展信息化体育教学的基础条件。若不具备基本的硬件设施条件，则难以实现真正意义上的教育信息化。在学校体育教学中普及信息化教育，需要投入大量的财力和物力，加强硬件建设。政府与教育行政部门应该采取一系列措施来拓展教育经费的筹集渠道，从而为学校基础设施和资源环境的建设提供保障。

学校应积极向上级部门争取专项补助资金，也可在办学经费中根据学校实际情况将一些专项资金用于信息化教育方面的基础设施建设，还可以发动社会各界捐资助学。目前很多学校已经配置了多媒体投影仪设备，为学校开展信息化体育教学奠定了基础。但是一些学校也存在资源浪费的现象，如多媒体设施出现故障后就被搁置不用。基于此，要加强师生对多媒体设备的保护意识，并及时维修和更新设备，提高资源的利用率。

（四）教学内容与方法的数字化发展

教育信息化发展促进了教育数字化。当前，体育教育的数字化发展进程不断加快，这从教学内容和教学方法的数字化中充分体现了出来。教学内容与方法实现了数字化后，体育教学过程越来越快捷、便利和高效。不管是对体育教师来说，还是对体育教学的授课对象即学生来说，体育教学的数字化发展使得他们的教与学都越来越轻松、有效。

在数字化发展的趋势下，体育教师和学生查阅资料、分享资料以及获取信息化知识的速度越来越快。体育教师利用信息化技术对技术动作进行数字化处理后，学生观看动作可以不再受时空限制，能够对技术动作的要领和细节有更直观、深刻的体会和领悟。在技术动作的呈现中引进VR技术，使技术动作看起来很逼真。体育教学内容也因为动画、视频等多种元素的融入而越来越丰富、直观、形象、生动，便于掌握和理解。总之，体育教学内容与方法的数字化大大提高了体育教学的快捷性和实效性，因此在体育教学中也要进一步加强对体育教学内容与教学方法的数字化改革，促进数字化体育教学的发展。

（五）大力开发信息化教学资源

1.常见的信息化教学资源

信息化教学资源是非常重要的信息化教学材料，其以数字形态存在，教育价值非常重要。信息化教学资源包含各种数字化教学软件、数字化素材等。信息化教学资源丰富多样，以下几种是学校运用较多且重点开发的信息化教学资源。

（1）教学素材

在信息化教学中对教学信息进行传播的文本素材、音视频素材、图形动画素材等就是信息化教学素材。

（2）教学课件

教学课件是以集合多种媒体表现的一种软件，在相关科学教育理论的指导下，从教学需要出发，将教学课件的制作作为教学设计的一环，课件应具备结构合理、满足教学需要的要求。

（3）网络课件

网络课件是指对一个或几个知识点实施相对完整教学的软件，根据运行平台可分为网络版的课件和单机运行的课件。

（4）教学案例

教学案例指的是由丰富的媒体元素组合表现的代表性现象或事件，其往往具有重要的教育意义和现实指导意义。教学案例的完整性主要体现在其包含的4个重要组成部分，分别是教学设计方案、教学课件、课堂教学视频以及教学反思。

（5）网络课程

在某学科教学中利用计算机网络开展教学活动、呈现教学内容，这是建设网络课程的基本方式。网络课程主要由下列两个部分组成。

第一，通过计算机网络呈现的教学内容，这是以教学目标为依据，运用一定教学策略组织起来的。

第二，在网络教学平台实施的教学活动，这是网络教学支撑环境的核心内容。

（6）文献资料

和教育相关的政策、制度、条例、数字图书、重要文章及重大事件记录等都属于文献资料的范畴。

（7）学习网站

学习网站指的是具有网络教学功能和提供相关服务的网站，从学科教学目标出发，运用Web技术对丰富的数字学习资源进行整合，并在学习网站中系统展示，以供学生参考。

（8）试题库

试题库是基于数学模型而开发的一种教育测评工具，它是在科学的教育测量理论指导下开发的，将某个学科的题目整合到计算机系统中，从而便于对学习者的测试。

2.体育信息化教学资源的开发原则

（1）科学性原则

开发体育信息化教学资源要遵循科学性原则，杜绝低级趣味，在科学的基础上追求生动性和趣味性，具体要做到以下几点。

①在开发信息化教学资源的过程中，必须准确、规范地进行各个环节的操作。

②必须选用符合科学规律的材料、例证和逻辑推理。

③按照科学要求来表现内容，包括图像、色彩、声音都要真实，不能以牺牲内容的真实性为代价而过分突出艳丽的色彩、生动的画面以及悦耳的声音。

（2）教育性原则

遵循教育性原则指的是要根据教育教学规律而开发体育信息化教学资源，具体要做到下列几点。

①教学资源要与学生的认知水平、学习规律相符。

②从教学需要出发，依照教学大纲要求而开发能够使教学需要得到满足的体育教学资源。

③呈现信息化体育教学资源的内容时，要做到简明扼要，条理清晰，重点突出。

④将体育教学内容用恰当的媒体元素呈现出来。

（3）技术性原则

开发者要熟练掌握现代教育技术和教学资源的开发技术，根据技术质量标准来开发体育信息化教学资源，具体要达到以下标准。

①音质好、色彩明朗、图像清晰。

②操作快捷。

③运行稳定、灵活。

④交互性强、容错性好。

⑤导航合理。

（4）开放性原则

开发体育信息化教学资源要充分贯彻开放性原则，开放性具体表现在下列三个方面。

①结构体系的开放性。开放的信息化教学资源要具有系统性、立体性，及时补充和完善教学资源，实现教学资源的开放与共享。

②资源内容的开放性。教学资源要能够满足学校教育和社会教育、正式教育和非正式教育的需要，要满足各种学习者的需要。

③开发人员的开放性。开发体育信息化教学资源的主体主要是体育教师，但不限于教师，有关专业人士都可以开发教学资源。

（5）艺术性原则

开发体育信息化教学资源还要遵循艺术性原则，具体要做到下列几点。

①构图清晰匀称、变换连贯。

②声音顿挫有致，避免噪声。

③光线与色彩明暗适度、调配恰当。

（6）经济性原则

开发体育信息化教学资源要坚持经济性原则，具体要求如下。

①制订周密的资源开发计划。

②争取以较少的资源投入开发出丰富多样的、高质量的资源。

③切忌盲目地重复开发，注意适当改造和充分利用现有资源，提高资源的循环利用率。

（7）创新性原则

开发体育信息化教学资源必须与时俱进，紧跟时代潮流。信息化教学资源开发的创新主要体现在开发理念、理论、内容、技术、模式以及形式等方面的创新中。

3.体育信息化教学资源的开发途径

随着信息技术的迅猛发展及其在教育教学中的广泛应用，师生对信息化教学资源的需求越来越大，也越来越高，信息化教学资源的开发自然越来越受重视。科学开发丰富的体育信息化教学资源，应该重点从下列几个方面着手。

（1）数字化改造教学资源

体育教师在长期的教学实践中保存了大量的信息化教学资源，如录音、图片、文稿、视频等，这些教学资源的教学价值较高，采用数字化方式来改造这些资源可以使其教育价值提升并得到更好的利用。例如，利用扫描仪等数码设备将文稿、图片转化为能够在计算机上加工的数据，然后在教学中加以利用，这样不仅节约了教育成本，也使具有重要教育价值的教学资源得到了充分利用，发挥了其重要价值。

（2）建设教学资源库

对教学资源库的建设与充实要从以下几方面着手。

第一，对多媒体素材进行收集与整理，主要方式有扫描、网络共享、专业制作等。

第二，从教学需要出发，将教学研发工具或多媒体制作工具利用起来去编辑素材，加工整理，发挥体育教学资源的重要功能。

第三，各种类型的教学应用软件积累到一定程度时，要实行专人管理制度，对体育教学资源库进行管理与维护。

（3）注重开发网络课程

开发体育网络课程是信息化教学资源开发的重要途径，具体从以下几方面着手开发。

第一，开发体育网络教学平台、网络教学管理平台等支持体育网络课程实施的工具，为师生进行创造性的体育网络教学和网络学习以及管理者进行新模式下的体育教学管理提供便利。

第二，教师学习并掌握计算机网络教学设计技术，树立先进的教学理念，设计体育网络教学方案，在互联网环境下开展线上体育教学活动。

第三，组建专业的团队开发与建设体育网络课程，只有从专业角度录制、剪辑网络课程，并上传到信息化教学平台，实现资源共享，才能给师生带来最大便利。

二、信息化教育理念下体育教学质量的提升

（一）具备与时俱进的思想

当前的信息化技术日新月异，这对教育领域尤其是体育教学工作的影响是十分明显的。由于体育教学是一种以实践为主要形式的教学活动，因此，教师在教授和展示运动技术时，越来越依赖信息化技术的参与，通过信息技术能够将无法用语言描述清晰的技术细节和过程进行完美的教学，这极大地提升了教学的效率。因此，在信息化教育理念下进行体育教学时，若想不断提升教学质量，需要具备与时俱进的思想，把握最新的信息技术动向，将有利于教学的部分及时引进体育教学设计中，这是保证体育教学质量不断提升的重要前提。

（二）与国内外院校加强交流与合作

当前，信息化教育理念在国内外都是非常重要的教育理念之一。因此，无论在国内还是国外，信息化教育都属于比较突出的先进教育理念。各个国家对信息化资源的应用各有所长，也各自取得了不同的成绩，其中有些国家的成功经验是非常值得我们所借鉴的。为了更好地提升体育教学的质量，各个学校的体育教师应积极与国内外的体育教育同行进行交流与合作，互相取长补短，从而不断得到优化和提高，这是信息化教育理念下体育教学设计的重要工作内容。

第三节　核心素养理念下体育教学设计与质量提升

一、核心素养理念下体育教学的设计

国外关于核心素养的研究在20世纪90年代就开始了，我国相关的研究虽然起步较晚，但是现在的研究内容越来越丰富，成果也越来越丰硕。“核心素养”是从国外的“key competences”一词中翻译过来的,“核心”指的是中心,“素养”一词是指人的素质和教养，人的生活离不开社会关系，故此，可以认为核心素养是一个人在社会生活中所必须具备的关键能力和品格教养。

根据体育教学核心素养的三大内容，即运动能力、健康行为和体育品格，各个学校在进行具体的教学设计工作时，彼此之间存在着较大的差别。这是因为，不同的体育教师、学者对核心素养的理解存在差异，对教学设计的理解也不同，因此，不同的学校和教师所做的教学设计具体有以下几种思路。

（1）有些学校认为学生的运动能力才是体育教学的核心，因此其教学设计的核心是发展学生的运动能力。

（2）有些学校更在意提升学生的综合身体素质，从教学设计的宗旨出发认为教学设计就是要创设有利于提升学生身体素质的教学环境和教学内容。

（3）有些则对体育教学对学生精神品格的塑造作用格外重视，因此在体育教学设计中，增加了通过运动锻炼来培养学生的意志品质等。

总之，核心素养教育理念对我国体育教学设计发挥着重要指导作用，它有效激发了各个学校的想象力和能动性，并激活了各个学校在教学设计方面的潜力，丰富了我国体育教学的设计内容和形式，这从长期来看，是从不同角度提升我国体育教学质量的有效途径，因此应该继续发挥核心素养理念对体育教学的指导价值，不断提升我国体育教学质量。

二、核心素养理念下体育教学质量的提升

（一）从学生的实际需要出发

核心素养教育理念下，要求体育教学应遵循以人为本的教育思想，即强调教育是围绕着学生的成长而设计的，所有的教育归根结底都是以学生为主体而展开的教学实践活动，因此只有从学生的实际需要出发，才会发挥出更好的效果，才能让教学更具针对性和现实意义。

由于每个学生的情况千差万别，因此所需要提升的核心素养也因人而异，那么这就对我们的体育教学设计工作提出了较高的要求。需要因人而异、因材施教，努力让教学设计满足所有学生的学习和成长需要。

（二）结合社会发展的需要

国家提出核心素养教育理念的背景，也是当前社会发展的趋势，即要促进青年人才的全面发展，培养出高素质的、理论知识与实践技能并重的优秀人才，一改以往很多高校学生空有学历却没有实际能力的尴尬局面，这是知识时代进步和社会发展对未来人才提出的迫切要求。

因此，在进行体育教学时，必须重点考虑当前社会发展的基本态势，要结合实际情况来开展教学工作，这是使工作更加高效的基本保障。

第七章
常见体育课程教学设计与教学质量提升研究

体育课教学内容非常丰富，在教学设计方面需要不断提出创新的方式方法才能应对时代的要求，提升体育教学的质量。本章将对比较常见的几类体育项目教学设计进行重点分析，包括田径、球类、健美操、武术以及游泳。

第一节　田径课程教学设计与教学质量提升

田径是体育教学的基础课程，无论在哪个学段的体育教学中，田径都是重要的组成部分，是促进学生身体素质全面发展的保障。尽管田径教学具有较长的时间和经验积累，但是在现代教育理念下，仍然还有很多不足和需要提升的空间，本节将就此展开详细阐述。

一、田径课程教学目标的设计

田径课程是促进学生培育体育兴趣、学习体育知识、增强身体素质、掌握运动技能以及养成运动习惯的重要基础课，因此尤其应该引起重视。田径运动包含的项目众多，可以根据青少年身体发展的需要，选择最适宜的运动项目进行教学。在设计具体的教学目标时，要以体育教学目标为指导，结合田径课程的特点和学生的身体素质设定适宜的教学目标。

（一）系统学习田径基础知识

在田径运动教学中，学生学习田径运动的主要目的突出表现在全面学习和掌握田径理论与知识、掌握田径运动技术与技能。田径运动包含许多项目，有大量的知识和技能需要学习和训练，因此在进行教学目标设计时，要具有系统的视角，从田径运动的整体出发，既要全面，又要突出重点，且每个项目教学目标之间还要具有内在的联系和呼应，这是科学设计教学目标的根本要求。

（二）为学习其他运动打好基础

在设计田径运动教学目标时，教师还应有意识地与其他运动项目相结合，比如在设计短跑教学目标时，应该适当地与球类运动相结合，从不同的角度理解奔跑的价值和技术特点，这样将有助于培养学生丰富的运动兴趣，为日后的进一步精进打好基础。

（三）结合思政教育和道德培育

在田径运动教学过程中，还要有意识地结合思政教育目标，形成一边发展学生的身体素质和运动技能，一边提升学生思想政治觉悟水平的教学模式，促进学生身心全面发展。由于田径运动教学大多都与发展学生的基本运动素质相关，这也是发展学生意志品质的最佳时机。通过田径运动教学，不仅可以提升学生的身体素质，而且还能提升学生的心理素质和思政水平，有助于培养他们积极进取、大胆拼搏的精神品质，从而为国家和社会培育出符合时代发展需要的优秀人才。

二、田径课程教学内容的设计

（一）竞走教学设计

1.初步认识竞走运动

在正式学习竞走运动之前，教师应给学生进行基本的竞走知识普及，比如竞走运动文化、竞走技术、竞走比赛规则等，从而让学生对竞走运动先产生一定的认识和理解，这样便于接下来的训练和学习。

2.竞走技术基础教学

（1）初步掌握竞走技术

竞走运动在所有的田径运动项目中属于技术难度适中的内容。一般地，教师通过简单的讲解和示范，并让学生练习模仿，以体会竞走技术的方法和特点，对于大多数学生而言，竞走技术比较容易掌握。

（2）提高竞走技术

①100～400米的竞走，以中速进行。

②进行变速走，主要是中速竞走200米和快速竞走200米相结合。

③进行200米、400米或800米竞走。

（二）短跑教学设计

1.初步认识短跑运动

短跑是田径运动中最基本的一个项目，很多低年龄段的学生都是从短跑开始接受跑步训练的。因此，教师在教授短跑运动时，需要比较全面地介绍有关跑步类运动的基本知识和运动特点。通过示范、讲解以及播放多媒体教学片段等手段，可以快速地帮助学生建立和形成正确的短跑技术概念，选择精彩的短跑运动员的比赛片段或者技术分解画面，可以激发学生的学习热情。

2.摆臂技术练习

摆臂技术在短跑中发挥着重要的作用，对跑步速度和节省体力都有明显的影响，因此，教师可以对此重点介绍和讲解，帮助学生形成重要的概念。这一阶段教学的主要目标是提高学生对摆臂动作的认识，体会摆臂对跑步的重要性，掌握正确的上体姿势。在练习的过程中，可以先进行原地跑、慢跑等练习，以体会摆臂为主要目标，不追求跑步的速度。

技术练习的重点是注意以肩为轴大幅前后摆臂，同时肩部尽量保持放松，注意在前摆时，摆臂动作不要越过身体中线，并保持匀速摆动。

3.小步跑练习

学会了手臂动作之后，继续学习小步跑的技术动作，小步跑练习是学生跑动时摆动腿积极下落着地和增加步频的重要手段，这是提高短跑速度的关键。着地后膝关节伸直，骨盆前送，两臂屈肘前后摆动。练习过程中注意整个动作要自然和放松。

4.高抬腿跑练习

高抬腿跑练习能有效增强学生的抬腿肌肉群力量和增加步频。练习时，指导学生高抬腿时大腿要用力抬平，并尽力保持匀速。同时，双臂配合摆动，保持身体的平衡，落地时注意大腿要积极下压，小腿自然下垂，用前脚掌着地，膝关节自然放松。

5.后蹬跑练习

后蹬跑练习可以发展后蹬肌群的力量，对帮助学生掌握用力和蹬摆技术有一定的帮助。掌握了后蹬跑技术之后，要增加动作幅度，并有效发展后蹬肌群力量。练习时，首先起动的腿以膝领先，由大腿带动髋部向前摆动，然后大腿积极下压，注意要用前脚掌着地，双臂要有意识地摆动，并与双腿动作相配合。注意在全部的练习过程中，要平稳地移动重心，开始的时候动作可以慢一些，用心体会每个动作的要领和动作的意图，随着理解的加深和动作的熟练可逐渐加快速度，最后要努力做到摆腿、蹬腿、落地以及摆臂动作都标准而且轻快。

（三）中长跑教学设计

1.初步了解中长跑运动

中长跑是跑步运动，特别是跑步健身中最常采用的方式，因此，无论对发展学生的身体素质、运动技能，还是对日后养成运动健身习惯都具有深远的意义。在学习中长跑时，主要就是向学生传授中长跑的基本技术和注意事项。

2.大步放松跑

大步放松跑练习可以促进学生掌握充分后蹬和扒地动作，以及摆动腿的放松和着地动作。学生开始可以用自己最快速度的60%~70%来练习，体会大步放松跑的动作要领，每次练习可跑2~4次100~200米的距离。

3.反复跑

反复跑练习可以锻炼学生跑步的节奏感，复习之前学习的各种跑步技术，将摆臂、抬腿、后蹬、落地等技术运用在实践中，并反复练习，提高对技术的熟练程度，并提升跑步质量和速度。一般地，男生可以采用300~600米反复跑练习，女生采用200~400米的反复跑练习，控制跑步的强度在中速即可。待相对熟练后，可提高练习的强度，比如采用100~200米的大强度的反复跑训练。

总之，反复跑是各种跑步技术的最佳练习方式，也是教学中比较常见的练习方法。

4.变速跑

变速跑练习也是跑步练习中一个非常重要的练习方式。变速跑是指在规定的距离内，按照一定的规律快速切换跑步的速度，以达到训练跑步技巧和提高跑步效率的目的。同时，变速跑也是提高人体心肺功能、加强新陈代谢以及增加耐力的有效训练手段。一般的变速跑练习通常选择200米或者300米为跑步距离，在教师的指令下，学生通过快速变化跑步速度而达到训练的目的。在变速跑的练习中，还可以加强锻炼学生的加速减速，从而可以更加灵活地控制跑步过程。

5.耐力跑

耐力跑一般是指长距离的跑步练习，这一练习方法可以有效训练学生的各种跑步技巧，并且由于长距离跑的原因，还可以很好地锻炼学生的耐力素质。在进行耐力跑之前，教师应该对学生的基本耐力水平进行一定的评估，在此基础上，设定一个相对合理的练习距离，一般是在现有水平之上再增加500米或者1000米的距离进行练习。在练习中，每个学生都必须按照跑步的标准严格要求自己的跑姿，且未到终点中途不能停歇，如果感觉非常吃力可以适当减速，调整呼吸和缓解体能，但是一定不能停下来，并且在相当疲惫的情况下，依然要保证各种技术不变形、不出错。因此，耐力跑是快速提高跑步技巧的一个非常好的练习手段，也是培养学生跑步兴趣的有效途径。

6.负重耐久跑

在耐力跑的基础上，如果再次增加训练的难度则可以选择负重耐久跑练习。负重耐力跑的练习方式，是在腰部或者腿部绑上沙袋等一些重物，以增加难度，这一练习方法是有效提高学生一般耐力和力量素质的重要手段，因此经常被用于体育教学或者专业竞技运动员的日常训练中。

三、田径课程教学质量提升

（一）努力贴近学生的现实生活

田径教学质量的提升，除了需要教师在工作实践中不断地对教学内容、教学方法、教学模式等进行优化之外，更重要的，是使教学内容贴近学生的真实生活，让教学内容从严谨、规范的讲堂上逐渐走向学生们的真实生活场景，使每一个教学内容都能与学生的现实生活发生某种联系，这是激发学生更加投入学习的重要因素，也是激励教师提升教学水平的重要推动力。

（二）激发学生自觉锻炼的热情

学生是学习的主体，当学生对教学内容充满热情的时候，也是教学效果提升最为明显的时候。田径课程教学包含非常丰富的内容，要想全面提升田径教学的质量，不仅需要对每个田径项目的教学合理规划，使其更加符合当前教育理念的要求，更重要的是，还要通过有趣的教学方式激发学生自觉锻炼的热情，使学生养成主动锻炼、坚持运动的好习惯。

第二节　球类课程教学设计与教学质量提升

球类运动是体育教学中的重点教学内容，同时，球类运动也是深受学生欢迎的体育运动形式，是世界主流的竞技运动项目。因此，对球类课程的教学设计应注重课程的质量以及与当前社会热点、流行趋势有机结合，并与学生的实际生活建立深刻的联系。在我国各个学龄的体育教育系统中，以篮球、足球、乒乓球、排球、网球的教学最为突出，本节将重点研究篮球课程教学的设计。

一、篮球教学目标的设计

一般情况下，在制定篮球教学目标时，需要遵从以下程序。

（一）了解教学对象

在设计篮球教学目标之前，首先需要做的是调研教学对象即学生的基本情况，包括学生的基本素质条件，对体育学习特别是篮球学习的兴趣，是否具有基本的篮球知识，是否喜欢观看篮球比赛等。这些基本信息将决定篮球教学的起点，以及教学目标的高度和广度。然后根据学生现有的篮球知识和基础，设计与之相适宜的篮球教学目标，从而设计具有较强针对性的教学计划。

需要强调的是，初期的教学目标主要以培养兴趣和介绍篮球的基础知识、技能为主。其中，培养兴趣应该放在首要位置，因为如果学生对篮球没有形成一定的兴趣，那么即便教师讲授的基础知识和教授的技能再精彩，也未必能被学生接收和吸纳，因此，培养兴趣是设计教学目标的重点。

围绕着培养兴趣这一目标设计中心，展开对学生篮球知识与技能的培训。篮球教学能够培养学生的竞争意识、团队协作意识、主动出击意识，通过篮球教学，教师应充分发掘学生的潜能，并引导至对篮球的学习中。总之，要根据学生的学习能力和身体条件制定出合理的篮球教学目标。

（二）分析教学内容

确定了篮球教学目标之后，接下来是对篮球教学内容的分析，包括其特点、功能，以及各种初级篮球技术动作，可以选择一些篮球游戏作为入门。通过生动有趣的篮球游戏，可以很快地将学生带入篮球学习氛围，教师可选择现有的篮球游戏，也可以根据学生的实际情况设计一些难度适宜的篮球游戏作为篮球教学的辅助内容，与相对专业性更强的篮球教学内容相衔接，进而实现相应的篮球教学目标。

（三）编制篮球教学目标

指导篮球教学活动设计、实施和评价的基本依据是篮球教学的任务与目标。篮球教学目标具有指引、导向、操作、调控与测评篮球教学活动的作用，因此要十分重视。

二、篮球教学内容的设计

篮球教学内容的设计主要围绕着篮球理论知识、篮球技术动作、篮球战术配合三个方面展开。

（一）篮球理论知识

现代篮球教学提倡从理论知识着手，比如从理论的高度对篮球的基本运动特征与篮球技能进行高度的概括和提炼，使学生在正式学习篮球运动之前先掌握一个大体的概念，为后面的实践和训练打好基础。

（二）篮球技术

篮球运动的魅力主要体现在篮球技术上，观看一场精彩绝伦的篮球竞赛，欣赏高手们的高超绝技，其中最核心的部分就是篮球技术体系中的技术规格、动作方法等。在篮球教学中，技术教学一般都是课时最多、教学内容最为丰富的部分。在教学实践中，需要注意的是一定要打牢基本功，然后再进行技术的训练，如果基本的身体素质要求不达标，那么会有发生运动损伤的隐患。因此，篮球技术的教学要按照系统性原则和循序渐进的原则进行。

（三）篮球战术

在篮球教学中，战术的配合也是教学中的重要内容，篮球是一项高强度的对抗性运动，当学生掌握了一定的技术之后，就要进行对抗性的练习，学习一些简单的篮球战术，包括如何布阵，如何反攻等。篮球战术是提高学生篮球运动水平的重要一环，只有掌握了篮球战术，才能真正掌握篮球运动的基本技能。

三、篮球教学方法的设计

（一）异步教学法

异步教学法，是指鼓励学生在教师的指导下进行自主学习。异步教学法最初具有一定的先锋精神，它能大胆突破原有的、传统的教学模式，而是充分展示出以学生为教学主体的先进的教学理念，以学生为主线，鼓励学生自发自觉地探索，体现出学生学习的真实过程。异步教学法的优势是，能够有效实现技能目标、认知目标以及情感目标；能够使学生的主体作用得到充分发挥。它的缺点是，由于充分尊重学生的自主学习意识，有些自主性较弱的学生容易被忽视，从而脱离集体，甚至产生自卑心理。

（二）多元反馈教学法

多元反馈法也是篮球教学中有效的教学方法之一，在我国得到了广泛的应用，也取得了令师生都较为满意的结果。多元反馈方法，顾名思义强调的是教师与学生之间的融洽与合作，充分开拓师生关系中的协作空间。多元反馈教学法提倡在教学过程中充分发挥教师与学生的互动作用，有效激发学生的学习热情和主动效能感，从而有利于系统地探索篮球知识和技能，对学生整体篮球素质的提高具有明显的优势。由于多元反馈教学法特别重视师生之间、学生与学生之间的信息交流与反馈，因此，可以非常及时地解答学生遇到的问题，使教学更加有效，也更具实效性，对学生学习积极性、主动性以及创造性的激发也更有利。

四、篮球课程教学质量的提升

（一）教学设计方面

从教学设计的角度出发，应该从篮球的教案、教学方法、教学内容等方面不断地更新和优化，以适应时代的发展潮流以及学生的学习要求，这是提升篮球课程教学质量的重要方面。

（二）教师与学生方面

从教师的角度出发，教师是引导教学进行的发动机，是主导教学进程的最重要的因素。因此，只有当教师具备应有的专业能力和教学能力的时候，才能保障篮球教学的质量。教师要具有一定的危机意识，应不断提升自己，促进综合素质的提升，从而使不断提升教学质量成为可能。

学生是篮球教学的主体，尤其在提倡以人为本教学理念的当下。学生对篮球运动的兴趣和投入，是提升教学质量的重要因素。因此，在篮球教学过程中，教师应有意识地激发学生的学习热情和学习兴趣，只有当学生燃起对篮球的热情时，他们才会自觉自发地投入学习和练习中，从而提升学习效率和效果。

第三节　健美操课程教学设计与教学质量提升

在学校体育中，健美操深受女生的欢迎和喜爱，因为健美操有健身塑形、陶冶情操等价值，是其他项目所不可比拟的。本节就重点研究如何进一步加强健美操课程体系的建设。

一、设置合适的课程教学目标

（一）感知目标

体育教师通过讲解、示范等手段的运用，传授给学生健美操知识与技能，使学生对这些知识与技能能系统地领会并加以运用，这个过程就是健美操教学。在现代教育理念下，要提高学生的综合素质，要求健美操教学达到两个目的：一个是学生学习和掌握健美操基本知识与技能；另一个是在健美操教学实践中灵活运用已有的健美操知识。

（二）认识目标

要想设置合适的健美操课程目标，首先就要正确地认识教学目标。对于学生而言，健美操课程教学的主要目标在于使学生正确认识健美操运动的基本概念、特征、发展情况、作用及其他相关知识，并明确健美操运动对个体发展的重要意义。

（三）技能目标

了解与掌握健美操基本动作、操化动作，这是非常重要的内容。通过健美操练习而增强体能，尤其要增强力量、协调素质，同时也要培养良好的音乐感知和欣赏能力。

（四）情感目标

要想激发学生对健美操的兴趣，还需要加大对学生情感方面的培养力度。通过教学，要使学生积极参与健美操课堂教学和课后活动，在健美操学习与锻炼中提升自信，锻炼意志，与同学建立深厚的友谊，并养成科学参与健美操锻炼的好习惯。

二、选用合适的健美操教学手段

（一）立足于现实而选用教学手段

在健美操课程教学中具体要采用什么样的教学手段，要依据教学实际情况而定，包括教学条件、教学对象、教师等各个方面的实际情况。

（二）选用对提高教学质量有帮助的教学手段

选择健美操教学手段，首先要考虑其是否对改善教学过程、提高教学质量和效果有帮助，是否能有效激发学生的学习兴趣，如果在这些方面有帮助，那么可将多个教学手段综合起来运用。

（三）教师协调好自身与教学手段的关系

在健美操教学中，教师是教学手段的操作者，他们需要掌握各种教学器材和设备的使用方法。另外，健美操教师在教学过程中一方面要处理好自己与学生的互动关系，另一方面也要协调好自身与教学手段之间的关系，充分利用先进的教学手段促进教学质量的提高。

三、创设良好的健美操课程教学环境

（一）完善基础设施建设，创造良好的物质教学环境

创造良好的物质条件是开展健美操教学工作的基础条件。健美操物质教学条件中，开展健美操教学活动的场所，即运动场馆这一硬件设施是最重要的，其在健美操物质教学环境中居于第一位。除了运动场地外，还要有基本的教学设备，这同样是健美操教学中必不可少的基础条件，健美操教学任务的完成和教学目标的实现都离不开重要的教学设备。此外，健美操实践课如果是在户外操场开展，那么空气、阳光、气候等自然条件也很重要，我们不能忽视自然条件对健美操教学环境建设及对健美操教学活动开展的重要影响。因此，创建良好的健美操物质教学环境，需要从以下几方面入手。

第一，建设与完善基础教学设施，兴建健美操运动场馆，完善场馆功能，拓展活动空间，完善配套设施，备齐教学器材设施、教学设备及基本教学手段，加大这些方面的资金投入力度，为健美操教学提供良好的硬件

基础。

第二，制定严格的健美操场馆管理制度，做好场馆及器材设备的检查与维修，这样能有效避免教学过程中的运动损伤。

第三，加强周边环境的优化，做到自然环境与教学环境相互协调，创建和谐的生态教学环境，让学生在愉悦的心理体验中去学习健美操。

（二）以学生为本，激发学生学习健美操的兴趣

素质教育理念非常强调学生的主体性和主体地位，要求体育教师采用多种创新的教学方法和手段激发学生的学习兴趣，并且以学生为本创建教学环境，营造浓厚的课堂氛围，全面培养与提升学生的综合素质。创设健美操教学环境，要努力营造良好的教学氛围，优化教学环境也可以从优化教学氛围方面寻找突破口，一个良好的教学氛围能有效激发学生学习的兴趣，提高学习健美操的效率。

据调查发现，一些学校的健美操教学环境不乐观，与缺乏良好的教学氛围有着非常大的关系，传统课堂教学中教师树立了很高的威信，不允许学生挑战威信，课堂上完全是教师说了算，学生没有自主权，没有决策权，这种教学现象严重影响了学生的学习兴趣，也造成了学生自主意识的弱化与丧失。压抑的教学氛围使得教学环境也不容乐观，严重影响了教学质量。而要优化教学环境，就要打破传统的课堂教学氛围，尊重学生的主体性，发挥学生的主体作用，充分唤醒学生的自主意识，激发学生的学习热情，让学生在轻松、和谐的课堂教学氛围中学习健美操知识与技能，这才是有意义和有效率的教学。

（三）改善师生关系，促进师生互动与情感交流

体育教师和学生是健美操教学活动的两大主体，是健美操教学中最为重要的两个要素。二者之间的关系如何将直接影响教学效果。师生之间的关系是健美操教学人际关系的重要内容，人际关系的好坏影响课堂教学氛围，也影响教学效果。良好的人际关系有助于营造和谐的课堂氛围，提高课堂教学

效果，如果人际关系恶劣，课堂氛围压抑，会影响教学活动的顺利进行。因此，健美操教师和学生之间应该多沟通、多交流、多互动，彼此建立一个畅通的教学信息的传播渠道，这对提高健美操教学效率和质量具有极为重要的作用。

（四）全方位开展健美操活动，营造良好的健美操文化氛围

在学校体育教育中，绝大部分体育学科的教学时数都有所欠缺，健美操课也不例外。在这样的情况下，一些喜欢健美操运动的学生认为课堂教学内容远远不能满足他们的学习需求，不能满足其兴趣爱好，也不能给其提供良好的表现舞台。对此，要在健美操课堂教学的基础上不断拓展和延续，利用课余时间和节假日开展丰富多彩的健美操活动，以满足学生的需要，巩固学生的知识和技能，为学生提供展现自身能力的机会和平台。举办各种各样的课外健美操活动还有助于营造良好的校园健美操文化氛围，吸引广大学生参与活动，进一步普及与推广健美操运动，扩大校园健美操人口规模，促进健美操在学校的进一步发展。

四、制订科学合理的健美操教学方案

（一）明确教学的重点和难点

健美操教学方案的制订非常重要，教学方案是一项包含范围比较小、内容比较具体的教学执行指导计划，在制订教学方案时要明确指出课时教学的重点和难点，为教师开展教学工作提供具体细致的指导。

（二）选用合理的教学方法

在健美操教学方案中，教学方法是非常重要的组成部分。在选用教学方

法时，教师要充分考虑课程的特点、学生的基础条件、学生的兴趣点等因素，并以这些为依据选用合理的教学方法，提高教学质量。

（三）合理安排教学时间

在健美操教学中，教师要针对整个课时的教学内容进行统筹规划，合理安排课堂活动的时间，使各项活动有条不紊地进行，保证教学内容能够在有限的时间内完成。

（四）科学控制运动量和运动强度

学生要根据教学的发展规律、学生的身体素质、学生的健美操水平等因素，科学确定每个课时的运动量和运动强度。比如，以复习旧内容为主的课，运动量和运动强度可以较大；以学习新内容为主的课，运动量和运动强度相对较小。

五、健美操课程教学质量提升

（一）培养学以致用的精神

在健美操的教学过程中，教师要有意识地让学生养成“学以致用”的习惯，即在学习的同时，主动去联系自己的生活实际和学习内容，将自己的所学与自己每日的现实生活联系在一起。具体地说，在学习健美操的时候，可以主动思考，是否可以在日常生活中进行练习，哪些动作适合在家里练习，哪些动作适合在户外练习等。这种主动联想和思考的习惯，会在不知不觉中加强学生的学习主动性，提升学习效果，而且由于增加了在日常生活中的锻炼机会，于是让健美操真正成为学生生活的一部分，做到活学活用，这是提升健美操学习的一个非常有效的方法。

（二）挖掘兴趣点，培养好习惯

挖掘兴趣是教学中的重要内容，通过挖掘学生的兴趣点，可以有效提升教学效果。比如，有的学生对伴奏音乐或者音效特别敏感，富有节奏感的音乐可以充分地调动学生的学习热情。对于这一类学生，教师可以在背景音乐的选择方面多下功夫。有些学生对高难度的动作更有兴趣，那么教师从这个角度培养学生学习健美操的兴趣就会起到事半功倍的效果。以此类推，每个学生都有独特的兴趣点，而教师的任务不仅仅是传授体育知识和技能那么简单，更重要的工作是挖掘和培育学生对健美操的兴趣，找到他们真正的兴趣点，这样才能将健美操学习变为学生自己的事情，才能持续地获得提升和成长。

第四节　武术课程教学设计与教学质量提升

一、武术教学目标的设计

武术是我国学校体育教学的重要内容，主要教学目标如下。

（1）培养学生热爱传统体育项目，增加对传统文化的了解，并将传统体育纳入终身体育习惯的选择范围，为学生将来参与工作奠定坚实的身体基础。

（2）学生要学习和掌握基本的武术专项理论知识与武术技能，在武术学习中感受到乐趣，获得身心的愉悦。

（3）培养学生的团队精神和顽强拼搏的意志力。

二、武术教学内容的设计

当前，我国学校武术教学中，对武术教学内容的设计主要包括以下三个方面。

（一）延续传统的武术教学内容

武术是我国的传统体育项目，在进行武术教育时必然要遵循和延续传统的武术内容进行教学，这是传承和发扬中华传统文化的重要途径。如今，武术项目在国际上也具有相当的影响力，有许多国外的武术爱好者，纷纷前来中国拜师学习武术，可见武术教学的重要性。

在我国的教育系统中，对武术教学内容的设计，主要是围绕传承传统体育文化，促进学生全面发展，以及加强对学生传统文化的熏陶，以平衡、以竞技体育为主的体育教学内容。

（二）改造传统的武术教学内容

随着学校教育的不断进步与发展，某些传统武术教学内容已难以适应现代武术教学的要求，因此必须对旧有的教学内容进行更新与改造，以适应现代武术教学发展的需要。需要注意的是，在改造传统武术教学内容时应考虑技术难度、比赛规则、趣味性等几个方面，改造的内容要符合现代体育教学的实际。

三、武术教学方法的设计

设计一个合理、有效的教学方法对于提高武术教学质量具有重要的意义。目前，“导学式”和“学导式”教学法在武术教学中得到了较为广泛的应用。下面就对这种教学方法的设计做出分析。

（一）“导学—学导”教学法的内涵解析

1.“导学—学导”教学法的内涵

“导学—学导”教学法的特点就是以教师的动作示范为始，首先在学生头脑中建立直观的动作印象，从而对动作产生一个初步的概念和动作表象，然后进行模仿练习，认识自己的动作与教师动作之间的差距，然后从这些差距入手，通过教师的纠正和自己的练习，逐渐掌握武术动作要领。

2.“导学—学导”教学法的应用范围

“导学—学导”教学法并非适合所有学生，由于它需要建立在大量的学生自主练习的基础上，因此对学生的要求较高，这一教学方法具有一定的局限性，非常适合自身素质较好的学生，但对于大多数学生而言具有较大的难度，不利于操作和执行，需要体育教师结合学生的具体特点进行科学设计。

（二）武术“导学—学导”教学法的应用

1.“导学—学导”教学法的应用

“导学—学导”教学法，其实简单地说就是教师引导下，鼓励学生自主探索与练习的教学方法。在这一思想的指导下，充分给予学生自己实践练习的机会，并且在实践中发现问题，解决问题，这对于促进学生的主动性和学习能力的发展具有积极意义。

“导学—学导”教学法实施过程中，教师将要学习的内容和目标进行简要的介绍，并给出直观的视频示范，或者现场演示，让学生产生直观的认识和记忆。在教师的引导下，自行模仿和练习，体会动作的要点和难点，不断练习。教师进行重点、难点的精讲和示范，使学生带着“问题”上课，能够有针对性地发现自身的不足和努力的方向，从而有效地提高教学效率。

2.“导学—学导”教学法的核心

“导学—学导”教学法的核心是通过学生主体作用的发挥，以发展学生的智力，培养学生的健全人格，训练学生主动学习的思维。这种教学模式能有效激发学生学习的兴趣，发展自己的个性，建立自主学习的意识和习惯。

（三）武术“导学—学导”教学法的时段安排

通过对武术选修课的调查分析得知，一节课实验时间为2学时共计90分钟，其时段安排如图7–1所示。

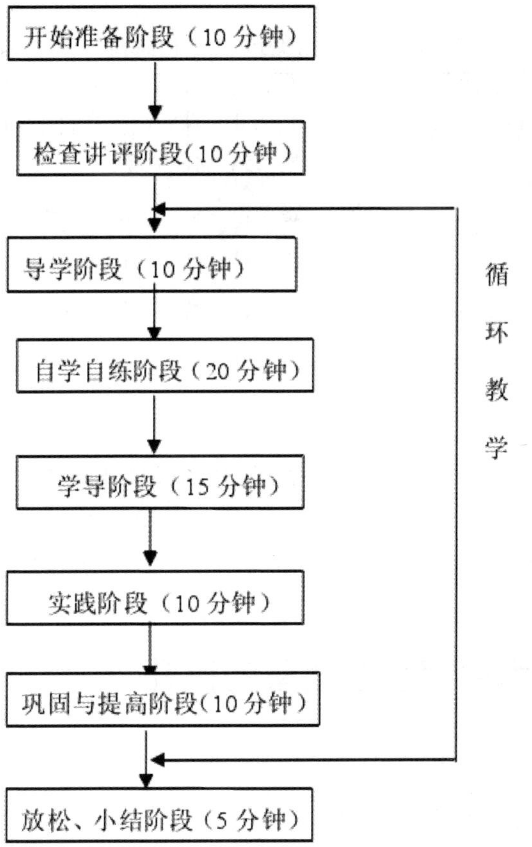

图7–1　武术“导学—学导”教学法的时段安排[①]

① 迟明莉.“导学—学导”教学法在普通高校武术课程教学中的应用研究[D].北京：北京体育大学，2005.

（四）武术“导学—学导”教学法的结构

武术“导学—学导”教学法是在传授学生基本技能的基础上，引导学生主动思考问题、分析问题、解决问题，其目的是提高学生的综合素质，为学生的自我锻炼打下良好的基础。一般来说，武术“导学—学导”教学法的基本结构如图7-2所示。

阶段	环节
导学阶段	启导环节、直观环节
自学、自练阶段	自学自练环节、互练环节、助练辅练环节
学导阶段	交流讨论环节、质疑解疑环节、纠正精讲环节
实践阶段	强化训练环节、学用环节
巩固与提高	引导环节、独立环节
评价总结	自我评价、互相评价、教师评价

图7-2 “导学—学导”教学法的基本结构[①]

四、武术课程教学质量的提升

（一）重视师资队伍建设

学校武术教学质量的提高，首先要从重视师资队伍建设方面着手。促进

① 迟明莉．“导学—学导”教学法在普通高校武术课程教学中的应用研究[D].北京：北京体育大学，2005.

教师队伍专业水平和综合素质的提高，不断创新教学方法，可以从以下几个方面入手。

1.引进优质教育人才

高校应该通过各种途径引进优质教育人才，提高教育队伍的整体素质。同时，高校在开展体育武术教学时，优秀的教学人才可以提出先进、科学的教学方法，从而对高校武术教学创新起到一定的促进作用。

2.加强武术教师的教学培训

高校不仅要提升其专业水平，还要重视其教学能力培养，使教师队伍的整体素质提高，让教师具备足够的能力对教学方法进行创新，从而对高校武术教学的创新进程起到一定的推动作用。

（二）构建武术课程网络共享平台

在高校武术课教学中，这一时代技术优势正好可以补足武术课堂教学的缺陷。作为中国传统体育项目，武术的教学资源是丰富的，但同时真正高质量的资源又是稀缺的。研究发现，通过对系统化的网络教学共享平台进行构建，不仅可以为广大师生查阅体育武术资源提供方便，还能解决高校之间体育武术教学资源重复配置的问题。因此，加强利用网络共享平台，是提高武术教学质量的一个重要手段。

第五节　游泳课程教学设计与教学质量提升

一、游泳教学分组的安排与设计

游泳教学一般是以班为单位，在班级教学中，需要进行教学分组，游泳设施条件、学生状况及师资力量等是进行教学分组时需要考虑的几个要素。只有分组合理，才能更好地组织教学，保证每个人的安全，也才能使每个组的学生都能学有所成。事实上，进行分组教学是遵循因材施教教学原则的要求，只有这样，才能取得良好的教学效果。游泳教学中常见的分组方法有混合分组和技术分组两种方法，具体分析如下。

（一）水平分组

水平分组指的是按学生的技术水平进行分组，将技术水平在同一级别的学生分在同一个组里，同一组学生的水平相近，不同学生的水平有差距。下面来分析这种分组方法的优劣势。

1.优势

教师采用水平分组方式，可以按照各组学生的具体水平来对教学内容、教学手段、练习方式、运动负荷等进行安排。这是贯彻因材施教原则，对学生进行区别对待的最好体现，能够使不同技术水平的学生的不同学习要求都得到满足。

面对高水平组的学生，可适当加快教学进度，加大练习量，提高练习难度。面对低水平组的学生，可放缓教学进度，降低教学难度，以一般教学要求来教学生。

学生经过一段时间的学习后，实际水平会发生变化，此时教师就要重新进行分组了，这样能够更好地激励学生，促进学生的进步与不断发展。

2.劣势

水平分组方法也有缺陷，主要表现为教师难以整体把握情况，难以对教学活动进行统一组织与管理，会出现顾此失彼的不良现象。特别是在新课程教学中，这种分组方法的劣势就更明显了。在对水平较低的组进行教学时，教师要格外注意学生的安全。

（二）混合分组

混合分组指的是将不同游泳水平的学生放在同一教学组里进行统一教学，即技术水平高的学生和技术水平低的学生共同学习。下面分析这一分组方法的优劣势。

1.优势

如果班级人数多，且是在教学的初级阶段，那么采用混合分组方式往往可以取得良好的教学效果。强弱搭配，技术高的学生可以协助教师指导技术差的学生，在保证自己安全的前提下也可以保护其他同学的安全。这有利于建立良好的友谊，也有利于教师的统一组织与管理。

2.劣势

混合分组方法最大的问题在于难以使技术水平高的学生的学习要求得到满足，会对这类学生学习的积极性造成不好的影响。教师要抽时间专门辅导这类学生，促进这部分学生技术水平的进一步提高。

游泳教学的两种常见分组方法各有利弊，教师需以教学需要和学生的情况为依据来考虑采用哪种方法，发挥这两种分组方法的优势，规避劣势。例如，在教学的开始阶段，采用混合分组的方式更为合理，在巩固和完善动作阶段，重新水平分组的方式更有效。

二、游泳教学顺序的设计

学生初学游泳，首先要熟悉水性，可以在水中自如活动后，就可以学习游泳技术了。这时，教师要合理安排教学顺序，以使学生取得良好的学习效果。教师具体要根据教学任务、学生基础、教学时间等方面的实际情况来确定教学顺序。

（一）首学泳式

在学校游泳教学中，主要教学任务是使学生掌握多种泳式技术。但初学游泳的学生应该先学习哪种泳式，要以具体教学任务和学生的实际情况为依据来确定。

1.先学仰泳

青少年儿童初学游泳时，可以先学习仰泳这一泳式。这种泳式中，人的脸是在水面上的，呼吸比较简单，也比较容易掌握腿、臂配合技术，学生将仰卧漂浮、滑行、打腿、划水等技术学会后，就可以进行较长距离的仰泳了。学生学会仰泳技术后，就比较容易掌握爬泳技术了，因为二者具有一定的相似性。

学生学习仰泳时，很难在短时间内掌握正确的仰卧姿势，抬头、收腹、臀下沉是常见的姿势错误。所以在仰泳教学时，仰卧漂浮、滑行是首要解决的两个难关。此外，学生还要过呼吸关，否则不小心面朝下后，就容易惊慌失措，面临溺水危险。因此，如果学生首先学习的泳式是仰泳，那么在踩水教学中要特别注意安全。

2.先学蛙泳

如果游泳教学的任务是使学生掌握一种泳式，并能游一定距离，那么确定泳式时，蛙泳是首选。一般来说，学校的游泳教学课时较少，先教蛙泳可以保证学生在较短时间内学会游泳，并能保证学生的安全。蛙泳有明显的节奏，以正面抬头自然呼吸为主，每个动作周期中的滑行阶段都比较明显，这个阶段学生游泳不费力，可以休息放松。学生将基本动作掌握后，才能在水中连续游较长的时间，并能在水中自由活动。蛙泳动作与踩水、反蛙泳动作的相似度较高，学生如果学会了蛙泳，那么学习踩水、反蛙泳技术也就不难了。

如果将蛙泳作为首学泳式，那么应这样安排四种泳式的教学顺序：第一是蛙泳，第二是爬泳，第三是仰泳，第四是蝶泳。

让学生先学蛙泳也有不足之处，如蛙泳动作结构复杂，臂、腿动作多变化，完整配合技术比较有难度，学生要掌握正确的技术需要较长时间。

3.先学爬泳

如果游泳教学的任务是使学生系统掌握四种泳式，那么将爬泳作为首选比较合适。爬泳技术动作结构简单，臂、腿动作路线清晰，与人的正常行走接近，配合技术也相对容易。同时，爬泳与仰泳、蝶泳的动作结构比较相似，所以，学生如果掌握了爬泳技术，就能够轻松地学习仰泳或蝶泳了。

将爬泳作为首学泳式时，爬泳—仰泳—蛙泳—蝶泳是比较合理的教学顺序。

先学爬泳的主要问题在于，爬泳动作紧密衔接，动作之间的间歇非常短，而且侧转头呼吸技术有一定的难度，所以学生需要耗费一定的体力才能游起来，这对初学者来说有难度，很难在短时间内游比较长的距离。

（二）一种泳式的教学顺序安排

不管是哪种泳式，腿部动作、手臂动作、呼吸动作、局部配合和完整配合等都是非常重要的动作环节。学习游泳技术最基本的要求是使身体在水中保持水平姿势。所以，不管是哪种泳式的教学，都要先教腿部动作，这是基础，学生只有掌握了这一基础动作，才能保持身体水平。教会腿部动作后，就要展开手臂动作、手臂与呼吸配合技术的教学了，进而对腿和臂的配合技术展开教学，最后加上呼吸教完整配合技术。

通常，在一种泳式的教学中，教学基础是腿部动作，教学重点是配合动作，教学难点是呼吸技术。事实上，呼吸技术既是教学重点，又是教学难点，所以要特别注意，在手臂技术教学中就要将呼吸技术的教学融合进去，为之后的完整配合教学作准备。

（三）具体游泳动作的教学顺序

教师在教某个具体的技术动作时，一般按以下顺序循序渐进地展开教学。

（1）教师示范所要教的动作，配合讲解，学生观察教师的示范，建立动作表象。

（2）学生观察教师的示范后，在教师的指导下进行陆上模仿练习，体会所学动作。

（3）学生在教师的指导下在水中做有固定支撑的练习。

（4）学生在水中做无固定支撑的练习。

（5）学生在水中做无支撑的练习。

（6）练习距离逐步增加。

（7）教师纠正学生在练习时的错误，帮助学生改进动作。

（8）学生不断巩固动作，完善所学技术，达到自动化水平。

三、游泳课程教学的质量提升

（一）提升游泳教师的专业素质

我国自古就流行“名师出高徒”的说法，因此，要提升游泳教学的质量，首先需要提升游泳教师的专业素质，从根本上提升游泳教学的起点。而提升游泳教师的专业素质，学校责无旁贷，应适时组织教师培训，使教师以最高标准来要求自己，鼓励教师进行交流、互动，提高资源利用率，为教学工作的顺利开展做好准备。

（二）改善游泳课程的基础设施

游泳教学对硬件设施的要求比较高，学校要尽量将资金倾斜向游泳场馆的建设方面，还要做好长期对游泳场馆的科学维护工作，制定全套的设施服务机制，包括水质检测、消毒杀菌、淋浴与更衣室清扫等。总之，要提升游泳教学质量，需要在游泳基础设施方面投入较多的资金和人力，这对学校而言是一项并不轻松的工作，但是又必须努力去实现。

参考文献

[1] 于洪岩.浅析提升高职院校健美操课程教学质量的途径[J].才智，2017（13）：35+37.

[2] 唐瑞.高校体育武术课程教学质量提升的途径研究[J].冰雪体育创新研究，2022，54（06）：78–80.

[3] 韩英灵.对体育课教学设计依据与操作原则的思考[J].体育教学，2011，31（10）：36–37.

[4] 倪婧娇. 黑龙江省普通高校游泳课程现状及发展对策的研究[D].哈尔滨：哈尔滨工业大学，2019.

[5] 杨玮.《体育教学设计》课程思政设计与探索[J].公关世界，2022，529（14）：120–121.

[6] 武君戈.大学体育武术课程教学质量提升的途径探讨[J].当代体育科技，2018，8（10）：158+160.

[7] 郑伟东，曹桂祥.高校体育信息化课堂教学设计与应用的研究[J].中国多媒体与网络教学学报（中旬刊），2019（11）：18–20.

[8] 李飞妃. 核心素养背景下中学优秀体育教师教学设计研究[D].福州：福建师范大学，2020.

[9] 钟世欣. 基于情感化设计的中学体育信息化教学产品设计研究[D].广州：广东工业大学，2022.

[10] 梁晓明.普通高校武术教学的困境与出路探析[J].山西青年，2019（15）：177.

[11] 周跃，刘转青.试论体育教学设计如何应对体育学科发展[J].昭通师范高等专科学校学报，2010，32（03）：64–66.

[12] 舒盛芳，高学民.体育教学设计 [M].上海：复旦大学出版社，2013.

[13] 王德平.新课程教学设计[M].大连：辽宁师范大学出版社，2002.

[14] 赵凤英，张武卫，高阳.体育与健康课教案设计指导 [M].哈尔滨：哈尔滨地图出版社，2004.

[15] 梁占歌.体育与健康课教学设计经典案例研究 [M].合肥：安徽大学出版社，2016.

[16] 张长平.学校体育科研、教学课程设置、创新设计与运动损伤的预防、处理实务全书　第1册[M].北京：当代中国音像出版社，2006.

[17] 李宏印.体育教育教学理论与实践[M].西安：西安地图出版社，2006.

[18] 丁杰.“课程思政”融入高校体育专业教学路径探析[J].现代交际，2020，540（22）：159–161.

[19] 陈丽萍.课堂教学互动效应的内涵、层次与演变[J].广西教育学院学报，2005（06）：34–37.

[20] 马建素.基于信息化背景下高中信息技术课程教学策略探究[J].科学咨询（教育科研），2018，581（04）：112.

[21] 丁勇，刘玲.对体育教学过程及其规律的研究述评[J].遵义师范学院学报，2009，11（03）：119–121.

[22] 聂燕.建构技师学院体育课程标准的研究[J].河南科技，2014，543（13）：246.

[23] 李建.解析体育与健康课程和标准的概念[J].考试周刊，2010（25）：156–157.

[24] 冯磊.试谈如何编写体育教案[J].新课程学习（中），2011，95（08）：44–45.

[25] 魏润俊.增强高中女生体育课选项教学实效的研究[J].福建教育学院学报，2022，23（03）：63–65.

[26] 邵伟德.体育教学模式论[M].北京：北京体育大学出版社，2005.

[27] 毛振明，于素梅.体育教学评价技巧与案例[M].北京：北京师范大学出版社，2009.

[28] 毛振明.体育教学论[M].2版.北京：高等教育出版社，2011.

[29] 李鸿江.田径[M].北京：高等教育出版社，2014.

[30] 罗建新.田径运动技术教学理论与实践[M].贵阳：贵州人民出版社，

2005.

[31] 邵伟德，刘忠武，李启迪.体育教学目标论[J].北京体育大学学报，2012，35（09）：6.

[32] 林少琴.新课改背景下体育教学目标设置若干现象分析[J].体育学刊，2013，20（04）：3.

[33] 陈铁成.现代排球教学与训练方法设计教程[M].福建：厦门大学出版社，2012.

[34] 冯涛.足球教学设计与训练实践研究[M].吉林：吉林大学出版社，2018.

[35] 席凯强，李鸿江.田径技术教学程序与设计[M].北京：北京航空航天大学出版社，2011.

[36] 张贵敏.田径运动教程[M].北京：人民体育出版社，2007.